国家数字图书馆工程标准规范成果

国家图书馆网络资源元数据规范和著录规则

赵亮 周晨 主编

国家图书馆出版社

图书在版编目(CIP)数据

国家图书馆网络资源元数据规范和著录规则/赵亮,周晨主编. —北京:国家图书馆出版社,2013.7

(国家数字图书馆工程标准规范成果)

ISBN 978-7-5013-5050-6

Ⅰ.①国… Ⅱ.①赵… ②周… Ⅲ.①数字图书馆—书目数据—数据管理—规范—中国 ②数字图书馆—书目数据—著录规则—中国 Ⅳ.①G250.76-65

中国版本图书馆 CIP 数据核字(2013)第 070215 号

责任编辑:高爽

书名 国家图书馆网络资源元数据规范和著录规则

著者 赵 亮 周 晨 主编

出版 国家图书馆出版社(100034 北京市西城区文津街7号)

(原北京图书馆出版社)

发行 010-66114536 66126153 66151313 66175620

66121706(传真) 66126156(门市部)

E-mail btsfxb@nlc.gov.cn(邮购)

Website www.nlcpress.com→投稿中心

经销 新华书店

印刷 北京科信印刷有限公司

开本 787×1092(毫米) 1/16

印张 5.25

版次 2013年7月第1版 2013年7月第1次印刷

字数 70(千字)

书号 ISBN 978-7-5013-5050-6

定价 58.00元

《国家数字图书馆工程标准规范成果》丛书编委会

本书编委会

主　编：赵　亮　周　晨

编　写：刘　炜　张春景　李春明　刘　峥
赵　悦　梁蕙玮　张文静　马宁宁

总　序

数字图书馆涵盖多个分布式、超大规模、可互操作的异构多媒体资源库群，面向社会公众提供全方位的知识服务。它既是知识网络，又是知识中心，同时也是一套完整的知识定位系统，并将成为未来社会公共信息的中心和枢纽。数字图书馆建设的最终目标是实现对人类知识的普遍存取，使任何群体、任何个人都能与人类知识宝库近在咫尺，随时随地从中受益，从而最终消除人们在信息获取方面的不平等。“国家图书馆二期工程暨国家数字图书馆工程”是国家“十五”重点文化建设项目，由国家图书馆主持建设，其中国家数字图书馆工程的建设内容主要包括硬件基础平台、数字图书馆应用系统和数字图书馆标准规范体系。

标准规范作为数字图书馆建设的基础，是开发利用与共建共享资源的基本保障，是保证数字图书馆的资源和服务在整个数字信息环境中可利用、可互操作和可持续发展的基础。因此，在数字图书馆建设中，应坚持标准规范建设先行的原则。国家数字图书馆标准规范体系建设围绕数字资源生命周期为主线进行构建，涉及数字图书馆建设过程中所需要的主要标准，涵盖数字内容创建、数字对象描述、数字资源组织管理、数字资源服务、数字资源长期保存五个环节，共计三十余项标准。

在国家数字图书馆标准规范建设中，国家图书馆本着合作、开放、共建的原则，引入有相关标准研制及实施经验的文献信息机构、科研机构以及企业单位承担标准规范的研制工作，这就使得国家数字图书馆标准规范的研制能够充分依托国家图书馆及各研制单位数字图书馆建设的实践与研究，使国家数字图书馆的标准规范成果具有广泛的开放性与适用性。本次出版的系列成果均经过国家图书馆验收、网上公开质询以及业界专家验收等多个验收环节，确保了标准规范成果的科学性及实用性。

目前，国内数字图书馆标准规范尚处于研究与探索性应用阶段，国家图书馆担负的职责与任务决定了我们在数字图书馆标准规范建设方面具有的责任。此次将国家数字图书馆工程标准规范研制成果付梓出版，将为其他图书馆、数字图书馆建设及相关行业数字资源建设与服务提供建设规范依据，对于推广国家数字图书馆建设成果、提高我国数字图书馆建设标准化水平、促进数字资源与服务的共建共享具有重要意义。

国家图书馆馆长　周和平

2010 年 8 月

目　录

前　　言 ………………………………………………………………………… 1

第一部分　国家图书馆网络资源元数据规范 ……………………………………… 1

1　范围 ………………………………………………………………………… 3
2　规范性引用文件 ………………………………………………………………… 3
3　术语和定义 …………………………………………………………………… 3
4　网络资源著录对象的分析 ……………………………………………………… 5
5　元数据规范内容结构 …………………………………………………………… 6
6　元数据规范术语定义属性 ……………………………………………………… 9
7　核心元素及其修饰词定义 ……………………………………………………… 10
8　资源类型核心元素及其修饰词定义 ……………………………………………… 35
9　个别元素及其修饰词定义 ……………………………………………………… 36

第二部分　国家图书馆网络资源元数据著录规则 ………………………………… 37

1　范围 ………………………………………………………………………… 39
2　规范性引用文件 ………………………………………………………………… 39
3　著录总则 ……………………………………………………………………… 40
4　著录细则 ……………………………………………………………………… 43
附录 A　MIME 资源数据格式分类表 …………………………………………… 63
附录 B　DCMI 类型词表 ………………………………………………………… 66

参考文献 ………………………………………………………………………… 70
后　　记 ………………………………………………………………………… 71

前　言

网络资源是指能通过网络公开访问，具有网络标识，并且品质较为稳定，有一定的权威性、时效性和持久性的信息资源。在这个网络信息资源大爆炸的时代，图书馆作为人类文化的保存者，不得不考虑如何对网络资源进行保存和管理。为了满足新环境下人们对网络信息资源描述、组织和利用的需求，元数据应运而生。

随着元数据应用的不断深入，元数据应用和实践需要更具操作性和指导性的文件来规范。恰逢国家数字图书馆工程建设大规模开展，各类数字对象元数据规范的研制，成为国家数字图书馆工程建设要解决的关键问题之一。2009 年 9 月，上海图书馆受国家图书馆委托，承担"国家数字图书馆工程专门元数据标准与著录规范——网络资源"项目的研制。

"国家数字图书馆工程专门元数据标准与著录规范——网络资源"项目的主要任务是根据国家图书馆对于网络资源描述的具体需求（资源导航、永久保存等），厘清网络资源的基本概念、其所涉及的实体类型、各类实体之间的关系、实体的属性特征以及这些属性特征之间的关系、属性的值域和范围等，并以《国家图书馆元数据应用规范》和《国家图书馆专门元数据设计规范》为指导，完成相应的调研报告、元数据规范、著录规则和样例的编制。本书即是以该项目的研究成果为基础编写而成。

项目研究成果主要参考科技部科技基础性工作专项资金重大项目的研究成果网络资源元数据规范，还详细调研 DC、CALIS 重点学科网络资源导航库元数据规范、中文元数据方案及 MODS 等标准和项目。项目的研究成果主要表现在以下几个方面：

1）在分析网络资源特性的基础上，对网络资源进行范围界定和定义；

2）定义了网络资源元数据元素集，并对元素及修饰词进行定义与描述；

3）在分析著录对象之间关系的基础上，明确了网络资源的著录单位；研制了网络资源元数据著录规则。

"国家数字图书馆工程专门元数据标准与著录规范——网络资源"项目，根据国家图书馆网络资源元数据规范招标指南、技术需求书和合同要求，为国家图书馆数字资源建设服务。因此,本书内容主要针对国家图书馆的实际情况。本规范也可直接或经修订后供其他图书馆或信息服务机构利用,但其修订必须遵循本规范的基本原则与扩展原则。

编者

2012年12月20日

第一部分　国家图书馆网络资源元数据规范

1　范围

本规范中的网络指的是国际互联网(Internet),也称因特网。网络资源在广义上指通过国际互联网可以获得的一切软件、硬件资源(包括路由器、打印机等),规范中所涉及的“网络资源”指的是不包括硬件资源的一切信息资源。

本规范旨在厘清网络资源的基本概念、所涉及的实体类型、各类实体之间的关系、实体的属性特征以及这些属性特征之间的关系、属性的值域和范围等,从而建立一套网络资源的元数据规范。

本规范不对网络资源的管理信息、技术信息等做专门的模块规定。若有需求,可应用国家数字图书馆标准规范建设项目中的管理元数据或保存元数据规范所规定的元素;同时,本规范亦不规定与特定系统相关的网络资源元数据集的分析、设计与实现技术。

2　规范性引用文件

下列文件对于本文件的应用是必不可少的。凡是注日期的引用文件,仅注日期的版本适用于本文件。凡是不注日期的引用文件,其最新版本(包括所有的修改版)适用于本文件。

GB/T 25100—2010 信息与文献　都柏林核心元数据集

DCMI Metadata Terms.[DCMI-TERMS]
DCMI 元数据术语集[DCMI-TERMS]
<http://dublincore.org/documents/dcmi-terms/>

DCMI Namespace Policy.[DCMI-NAMESPACE]
DCMI 命名域政策[DCMI-NAMESPACE]
<http://dublincore.org/documents/dcmi-namespace/>

Metadata Object Description Schema.[MODS]
元数据对象描述模式[MODS]
<http://www.loc.gov/standards/mods/>

3　术语和定义

3.1　网络资源　web resource

能通过网络公开访问,具有网络标识,并且品质较为稳定,有一定的权威性、时效性和持久性的信息资源。

3.2　DCMI-都柏林核心元数据计划　DCMI-Dublin Core Metadata Initiative

都柏林核心元数据元素集的维护机构。

3.3　元数据　metadata

关于信息资源或数据的一种结构化的数据。

3.4　元素　element

元数据集合中用于定义和描述数据的基本单元，由一组属性描述、定义、标识，并允许值限定。

3.5　修饰词　qualifier

当元素无法满足对资源对象精确描述的需要时进一步扩展出的术语。修饰词包括两种类型：元素修饰词和编码体系修饰词。

3.6　元素修饰词　element refinement

对元素的语义进行修饰，提高元素的专指性和精确性。

3.7　编码体系修饰词　encoding scheme

用来帮助解析某个术语值的上下文信息或解析规则。其形式包括受控词表、规范表或者解析规则。

3.8　核心元素　core element

使用频率高的、共性的可用于不同类型的信息资源描述的元数据元素。

3.9　资源类型核心元素　resource core element

在制订不同类型和不同资源的元数据规范时，根据资源对象的特点设计出的、相似资源共同所需的元素及修饰词。

3.10　个别元素　unique element

为某一特定的资源对象设计的，仅适用于这类对象的元素，不用于交换。

3.11　复用　reuse

在元数据应用过程中，对于其他元数据标准中已经有明确定义并适用于本应用领域的元素的直接使用,并在使用时明确标明其地址。

4 网络资源著录对象的分析

4.1 范围

原则上,一切网络上可以访问的、具有网络标识(例如 URL、URI、DOI、PURL 等)的资源对象均可以作为著录对象。本规范参考了 OCLC Connexion、ROADS 和 CALIS 的网络学科资源导航元数据规范,并结合国家图书馆的实际应用,将网络资源的著录对象限定为:

(1)有 URL 的网络资源,包括需要浏览器特定插件或者其他程序支持方可显示的资源,如 PDF 文档、WORD 文档、PPT 文档、各种多媒体文档等;

(2)在互联网上可公开访问的资源;

(3)各种学术机构的机构库资源。

4.2 网络资源的著录单位

对网络资源著录单位进行处理时,有以下四种情况:

(1)以网站为一个著录单位;

(2)以网站中某个频道或栏目为一个著录单位;

(3)以具体的网页为一个著录单位;

(4)以具体的文件为一个著录单位。

因此在具体应用时,需根据应用需求界定明晰著录的粒度,比如是著录到网站层级、频道层级还是网页层级。

4.3 网络资源著录对象之间的关系

网络资源著录对象之间的关系是网状的,层层相扣,互相可以链接与跳转。超文本与超媒体链接的特点在于这种引用和链接是直接可以跳转进而直接获得资源。

一方面,上述的链接和跳转的关系并不一定等于著录对象之间内容上的关联,即网页之间形式上的超链接并不完全代表页面内容的关联,很多时候链接和跳转的资源在内容上并无联系;因此著录的侧重点在于揭示意义上、内容上的联系。

另一方面,链接虽然不能完全体现内容上的互联,但也可以体现一部分,如果到了语义网络,则链接能更好地实现页面内容上的关联。目前,资源 A 与资源 B、资源 C 等之间的链接与跳转有可能在内容上存在如下的关联:资源的不同版本之间,互相参照的网络资源之间,完整的内容分成几个部分的页面来显示,文本介绍与对应的音视频之间,同一作者的不同作品之间,等等。

鉴于上述分析,在对网络资源进行处理时,每个著录对象都当成是独立的对象处理,对象与对象之间可以链接(单向或多向链接均可),无数个对象与对象之间互相链接体现了整体的网状关系,这些关系可通过元数据语义得到揭示。

本规范不要求著录时对网络资源进行十分严格的查重，简单的查重以资源标识符、外加资源名称为标准。也就是说，当资源标识符与资源名称均相同时，才把两个资源认为是同一资源。

5　元数据规范内容结构

国家图书馆网络资源元数据规范包括核心元素15个，分别是名称、创建者、主题、描述、出版者、其他责任者、日期、类型、格式、标识符、来源、语种、关联、时空范围、权限。这15个元素全部复用自DC；资源类型核心元素3个，分别是版本、馆藏信息、受众；个别元素1个，采集地址。其扩展原则为：

（1）新增加的元素和修饰词须优先采用DCMI中采用的元素和修饰词，或者是现有的其他元数据标准中的元素和修饰词，例如EAD、CDWA和PANDORA等。

（2）新增元素如果复用来自其他元数据标准的元素或修饰词，要求必须说明来源，使用时严格遵守其语义。

（3）在现有元数据规范中，如果没有十分恰当的元素可供复用，允许自行扩展元素。

（4）自行扩展的元素不能和已有的元素有任何语义上的重复。

（5）扩展的修饰词必须遵循向上兼容原则，即修饰词在语义上不能超出被修饰词（元素）的语义。

表1-1　网络资源元数据规范元素及修饰词列表

元素	元素修饰词	编码体系修饰词	复用标准
核心元素（15个）			
名称			dc:title
	交替名称		dcterms:alternative
创建者			dc:creator
	责任方式		
主题			dc:subject
		美国国会图书馆标题表	
		医学主题词表	
		杜威十进分类法	
		美国国会图书馆分类法	
		国际十进分类法	
		中国分类主题词表	
		汉语主题词表	
		中国图书馆分类法	
		中国科学院图书馆图书分类法	
		学科专业目录	

续表

元素	元素修饰词	编码体系修饰词	复用标准
描述			dc:description
	目录		dcterms:tableOfContents
	摘要		dcterms:abstract
出版者			dc:publisher
其他责任者			dc:contributor
	责任方式		
日期			dc:date
	创建日期		dcterms:created
	发布日期		dcterms:issued
	修改日期		dcterms:modified
	采集日期		mods: dateCaptured
		W3C-DTF	
类型			dc:type
		DCMI 类型词表	
格式			dc:format
	范围		dcterms:extent
	媒体		dcterms:medium
		IMT	
标识符			dc:identifier
		URI	
		SICI	
		ISBN	
		ISSN	
		DOI	
来源			dc:source
		URI	
		SICI	
		ISBN	
		ISSN	
		DOI	
语种			dc:language
		ISO 639—2	
		RFC 4646	

续表

元素	元素修饰词	编码体系修饰词	复用标准
关联			dc:relation
	包含		dcterms:hasPart
	包含于		dcterms:isPartOf
	后续版本		dcterms:hasVersion
	版本继承		dcterms:isVersionOf
	格式转换为		dcterms:hasFormat
	格式转换于		dcterms:isFormatOf
	被参照		dcterms isReferencedBy
	参照		dcterms: references
	被需求		dcterms: isRequiredBy
	需求		dcterms: requires
	被替代		dcterms: isReplacedBy
	替代		dcterms:replaces
	遵循		dcterms: conformsTo
		URI	
		SICI	
		ISBN	
		ISSN	
		DOI	
时空范围			dc:coverage
	空间		dcterms:spatial
	时间		dcterms:temporal
		DCMI Point	
		ISO 3166	
		DCMI Box	
		TGN	
		DCMI Period	
		W3C-DTF	
权限			dc:rights
资源类型核心元素(3个)			
版本			mods:edition

续表

元素	元素修饰词	编码体系修饰词	复用标准
馆藏信息			mods:location
受众			dcterms:audience
个别元素(1个)			
采集地址			
		URI	

6　元数据规范术语定义属性

网络资源元数据规范中的元素及修饰词等术语的定义依照《国家图书馆专门元数据设计规范》的规定，按下表1-2中15个方面定义各术语。

表1-2　网络资源元数据规范术语定义属性表

序号	属性名	属性定义	约束
1	标识符(Identifier)	术语的唯一标识符，以URI的形式给出。	必备
2	名称(Name)	赋予术语的唯一标记。	必备
3	出处(Defined By)	一般给出定义术语(特别是给出术语“名称”与“标识符”)的来源名称及来源的URI。如无来源名称与URI，也可以是定义术语或维护术语的机构名称。或者也可以是书目引文，指向定义该术语的文献。	必备
4	标签(Label)	描述术语的可读标签。	必备
5	定义(Definition)	对术语概念与内涵的说明。	必备
6	注释(Comments)	关于术语或其应用的其他说明，如特殊的用法等。	可选
7	术语类型(Type of Term)	术语的类型。其值为：元素、元素修饰词和编码体系修饰词。	必备
8	限定(Refines)	在定义元素修饰词时，在此明确指出该术语修饰的元素。一般给出所修饰元素的名称，但允许按中文习惯引用其标签，推荐同时给出URI。	有则必备
9	元素修饰词(Refined By)	在定义元素时，在此项中给出限定此元素的元素修饰词。一般给出元素修饰词的名称，但允许按中文习惯引用其标签，推荐同时给出URI。	有则必备
10	编码体系应用于(Encoding Scheme For)	在定义编码体系修饰词时，在此给出该术语修饰的元素。一般给出所修饰元素的名称，但允许按中文习惯引用其标签，推荐同时给出URI。	有则必备
11	编码体系修饰词(Encoding Scheme)	在定义元素时，如果元素有编码体系修饰词，在此给出编码体系修饰词，一般给出术语的名称，推荐同时给出URI。	有则必备
12	数据类型(Datatype)	术语允许取值的数据类型。	可选

续表

序号	属性名	属性定义	可选
13	版本(Version)	产生该术语的元数据规范版本。	可选
14	语言(Language)	说明术语的语言。	可选
15	频次范围(Occurrence)	术语使用的频次范围。采用区间的表示方法:[min, max],同时包括了对必备性和最大使用频次的定义。min=0 表示可选; min=1 表示必备; max=10 表示最大使用频率为 10 次; max=∞ 表示最大使用频次没有限制。	可选

在上述规定的15个属性中,本元数据规范有4个属性的取值都是相同的,这4个属性与其相应的值分别是:

(1)版本:1.0;

(2)语言:中文;

(3)数据类型:字符串;

(4)频次范围:一般不限,为[0, ∞),以上有特殊说明的除外。

由于以上属性与属性值在正式定义中对于每个网络资源元数据规范中的元素及修饰词而言都是相同的,所以在以下定义中不再重复,但它们仍是正式定义中的组成部分。除以上4个固定取值的属性外,其他属性的内容如果为空,则该属性不再出现。

7 核心元素及其修饰词定义

7.1 名称

标识符:http://www.nlc.gov.cn/core/elements/title①

名称:title

出处:Dublin Core Terms:http://purl.org/dc/terms/

标签:名称

定义:赋予网络资源的名称。

注释:一般指网络资源正式公开的名称。

术语类型:元素

元素修饰词:交替名称

示例:名称:首都之窗

① 元素标识符目前按照国家图书馆"中国数字图书馆标准规范建设"项目的规定,以URI形式给出。目前由于国家图书馆的元数据登记系统尚未建立,因此还无法在网上实际查到这些标识符。标识符最终将以国家图书馆公布为准。下同。

交替名称

标识符:http://www.nlc.gov.cn/core/terms/alternative

名称:alternative

出处:Dublin Core Terms:http://purl.org/dc/terms/

标签:交替名称

定义:任何可替代正式名称的其他名称。

注释:可以包括缩写的资源名称和翻译的资源名称等。

术语类型:元素修饰词

限定:名称

示例:交替名称:Beijing China

7.2 创建者

标识符:http://www.nlc.gov.cn/core/elements/creator

名称:creator

出处:Dublin Core Terms:http://purl.org/dc/terms/

标签:创建者

定义:创建资源内容的主要责任者。

注释:创建者的实体包括个人、组织或某项服务。一般而言,用创建者的名称来标识这一条目。建议为创建者名称建立规范档。

术语类型:元素

元素修饰词:责任方式

示例:创建者:国家图书馆

责任方式

标识符:http://www.nlc.gov.cn/core/terms/role

名称:role

出处:http://www.nlc.gov.cn/core/terms

标签:责任方式

定义:责任者在资源形成过程中所做的工作。

注释:一般有编、撰、著等。

术语类型: 元素修饰词

限定:创建者

示例:创建者.责任方式:著

7.3 主题

标识符:http://www.nlc.gov.cn/core/elements/subject

名称:subject

出处:Dublin Core Terms:http://purl.org/dc/terms/

标签:主题

定义:资源内容的主题描述。

注释:通常,主题用描述资源论题的关键词、关键词词组或分类号表示;建议最好从受控词表或规范分类法中取值。

术语类型:元素

编码体系修饰词:美国国会图书馆标题表;医学主题词表;杜威十进分类法;美国国会图书馆分类法;国际十进分类法;中国分类主题词表;汉语主题词表;中国图书馆分类法;中国科学院图书馆图书分类法;学科专业目录

示例:主题:图书馆建筑

编码体系修饰词:CT(汉语主题词表)

7.3.1 美国国会图书馆标题表

标识符:http://www.nlc.gov.cn/core/terms/LCSH

名称:LCSH

出处:http://lcweb.loc.gov/catdir/cpso/lcco/lcco.html

标签:美国国会图书馆标题表

定义:美国国会图书馆编制的一部大型综合性标题表。

注释:更多信息参见:http://lcweb.loc.gov/catdir/cpso/lcco/lcco.html。

术语类型:编码体系修饰词

编码体系应用于:主题

7.3.2 医学主题词表

标识符:http://www.nlc.gov.cn/core/terms/MESH

名称:MESH

出处:http://www.nlm.nih.gov/mesh/meshhome.html

标签:医学主题词表

定义:美国国立医学图书馆编制的专业叙词表,1960 年开始出版。

注释:有多个版本,多种译本。

术语类型:编码体系修饰词

编码体系应用于:主题

7.3.3 杜威十进分类法

标识符:http://www.nlc.gov.cn/core/terms/DDC

名称:DDC

出处:http://www.oclc.org/dewey/index.htm

标签:杜威十进分类法

定义:美国杜威,M.编制的综合性等级列举式分类法,分为详、简两种版本。

注释:更多信息参见:http://www.oclc.org/dewey/index.htm。

术语类型:编码体系修饰词

编码体系应用于:主题

7.3.4 美国国会图书馆分类法

标识符:http://www.nlc.gov.cn/core/terms/LCC

名称:LCC

出处:http://lcweb.loc.gov/catdir/cpso/lcco/lcco.html

标签:美国国会图书馆分类法

定义:美国国会图书馆的综合性等级列举式分类法。

注释:更多信息参见:http://lcweb.loc.gov/catdir/cpso/lcco/lcco.html。

术语类型:编码体系修饰词

编码体系应用于:主题

7.3.5 国际十进分类法

标识符:http://www.nlc.gov.cn/core/terms/UDC

名称:UDC

出处:http://www.udcc.org/

标签:国际十进分类法

定义:国际通用的多文种综合性文献分类法,目前由国际文献联合会(FID)统一主持对它的修订工作。

注释:更多信息参见:http://www.udcc.org/。

术语类型:编码体系修饰词

编码体系应用于:主题

7.3.6 中国分类主题词表

标识符:http://www.nlc.gov.cn/core/terms/CCT

名称:CCT

出处:中国图书馆分类法编辑委员会.中国分类主题词表.第2版.北京 :北京图书馆出版社,2005.

标签:中国分类主题词表

定义:是在《中国图书馆图书分类法》(含《中国图书资料法》)和《汉语主题词表》的基础上

编制的对照索引式的分类标引、主题标引一体化的信息资源组织工具。

术语类型:编码体系修饰词

编码体系应用于:主题

7.3.7 汉语主题词表

标识符:http://www.nlc.gov.cn/core/terms/CT

名称:CT

出处:中国科学技术情报研究所,北京图书馆.汉语主题词表.北京:科学技术文献出版社,1979.

标签:汉语主题词表

定义:一部大型的、综合性的中文叙词表,包括了人类知识的所有门类,分3卷10个分册出版,共收叙词11万条。该词表主要供电子计算机系统存储和检索文献用,亦可用来组织卡片式主题目录和书本式主题索引。

术语类型:编码体系修饰词

编码体系应用于:主题

7.3.8 中国图书馆分类法

标识符:http://www.nlc.gov.cn/core/terms/CLC

名称:CLC

出处:国家图书馆.中国图书馆分类法.第5版.北京:国家图书馆出版社,2010.

标签:中国图书馆分类法

定义:中国图书馆图书分类法简称"中图法",是中国通用的大型综合性文献分类法。

术语类型:编码体系修饰词

编码体系应用于:主题

7.3.9 中国科学院图书馆图书分类法

标识符:http://www.nlc.gov.cn/core/terms/LASC

名称:LASC

出处:中国科学院图书馆图书分类法修订委员会.中国科学院图书馆图书分类法.第3版.北京:科学出版社,1996.

标签:中国科学院图书馆图书分类法

定义:中国科学院图书馆图书分类法的简称,是中国科学院图书馆为科研系统图书馆编制的一部分类法。

术语类型:编码体系修饰词

编码体系应用于:主题

7.3.10　学科专业目录

标识符:http://www.nlc.gov.cn/core/terms/disciplineList

名称:discipline list

出处:http://www.moe.edu.cn/publicfiles/business/htmlfiles/moe/moe_834/201005/88437.html

标签:学科专业目录

定义:反映资源所属学科、专业的受控主题词表,主要指我国教育部颁发的《授予博士、硕士学位和培养研究生的学科、专业目录》。

注释:可用于资源内容的导航。

术语类型:编码体系修饰词

编码体系应用于:主题

7.4　描述

标识符:http://www.nlc.gov.cn/core/elements/description

名称:description

出处:Dublin Core Terms:http://purl.org/dc/terms/

标签:描述

定义:对资源内容的任何说明。

注释:说明可以包括但不限于摘要、目录、图示内容说明或内容的自由行文叙述。

术语类型:元素

元素修饰词:目录;摘要

示例:描述:新华网发布的"神舟七号"载人航天飞行现场直播报道,主要包括聚焦神七、文字直播、现场看点、同步快评、图片、视频等相关内容。

7.4.1　目录

标识符:http://www.nlc.gov.cn/core/terms/tableOfContents

名称:table of contents

出处:Dublin Core Terms:http://purl.org/dc/terms/

标签:目录

定义:资源内容的子单元列表。

术语类型:元素修饰词

限定:描述

示例:目录:抗灾重建;灾区现场;各地灾情;焦点关注

7.4.2 摘要

标识符:http://www.nlc.gov.cn/core/terms/abstract

名称:abstract

出处:Dublin Core Terms:http://purl.org/dc/terms/

标签:摘要

定义:资源内容的总结。

术语类型:元素修饰词

限定:描述

示例:摘要:图书馆是书之渊薮,是读者集中阅读之地、交流之地。有着深厚历史文化积淀、以传承和弘扬中华民族文化为己任的中国国家图书馆,愿以多元、现代、立体的服务,与读者共享知识、共建书香社会。

7.5 出版者

标识符:http://www.nlc.gov.cn/core/elements/publisher

名称:publisher

出处:Dublin Core Terms:http://purl.org/dc/terms/

标签:出版者

定义:使资源成为可以获得和利用的责任者。

注释:出版者的实体包括个体、组织或服务。一般而言,应该用出版者的名称来标识这一条目。

术语类型:元素

示例:出版者:国家图书馆

7.6 其他责任者

标识符:http://www.nlc.gov.cn/core/elements/contributor

名称:contributor

出处:Dublin Core Terms:http://purl.org/dc/terms/

标签:其他责任者

定义:对资源的内容作出贡献的其他实体。

注释:其他责任者的实例可包括个人、组织或某项服务。一般而言,用其他责任者的名字来标识这一条目。建议为责任者名称建立规范档。

术语类型:元素

元素修饰词:责任方式

示例:其他责任者:国家图书馆国际交流处

责任方式

标识符:http://www.nlc.gov.cn/core/terms/role

名称:role

出处:http://www.nlc.gov.cn/core/terms

标签:责任方式

定义:其他责任者在资源形成过程中所做的工作。

注释:一般有编、撰、著等。

术语类型:元素修饰词

限定:其他责任者

示例:其他责任者.责任方式:翻译

7.7 日期

标识符:http://www.nlc.gov.cn/core/elements/date

名称:date

出处:Dublin Core Terms:http://purl.org/dc/terms/

标签:日期

定义:与资源生命周期中的一个事件相关的时刻或一段时间。

注释:一般而言,日期应与资源的创建或可获得的日期相关。建议采用的日期格式应符合 ISO 8601「W3CDTF」规范,并使用 YYYY-MM-DD 的格式著录。

术语类型:元素

元素修饰词:创建日期;发布日期;修改日期;采集日期

编码体系修饰词:W3CDTF

7.7.1 创建日期

标识符:http://www.nlc.gov.cn/core/terms/created

名称:created

出处:Dublin Core Terms:http://purl.org/dc/terms/

标签:创建日期

定义:资源创建的日期。

术语类型:元素修饰词

限定:日期

编码体系修饰词:W3CDTF

示例:创建日期:1998-08-28

编码体系修饰词:W3CDTF

7.7.2　发布日期

标识符:http://www.nlc.gov.cn/core/terms/issued

名称:issued

出处:Dublin Core Terms:http://purl.org/dc/terms/

标签:发布日期

定义:资源正式发布(例如出版)的日期。

术语类型:元素修饰词

限定:日期

编码体系修饰词:W3CDTF

示例:发布日期:1998-10-28

　　编码体系修饰词:W3CDTF

7.7.3　修改日期

标识符:http://www.nlc.gov.cn/core/terms/modified

名称:modified

出处:Dublin Core Terms:http://purl.org/dc/terms/

标签:修改日期

定义:资源被修改的日期。

术语类型:元素修饰词

限定:日期

编码体系修饰词:W3CDTF

示例:发布日期:2010-06-15

　　编码体系修饰词:W3CDTF

7.7.4　采集日期

标识符:http://www.nlc.gov.cn/core/terms/dateCaptured

名称:date captured

出处:Metadata Object Description Schema: http://www.loc.gov/mods

标签:采集日期

定义:资源被采集的日期。

术语类型:元素修饰词

限定:日期

编码体系修饰词:W3CDTF

示例:采集日期:2011-07-18

　　编码体系修饰词:W3CDTF

7.7.5 W3CDTF

标识符:http://www.nlc.gov.cn/core/terms/W3CDTF

名称:W3CDTF

出处:http://.www.w3.org/TR/NOTE-datetime

标签:W3C-DTF

定义:W3C 日期和时间的置标规则——基于 ISO 8601 规则的一个应用。

注释:可参见:http://www.w3.org/TR/NOTE-datetime。

术语类型:编码体系修饰词

编码体系应用于:日期;创建日期;发布日期;修改日期;采集日期

7.8 类型

标识符:http://www.nlc.gov.cn/core/elements/type

名称:type

出处:Dublin Core Terms:http://purl.org/dc/terms/

标签:类型

定义:有关资源内容的特征或类型。

注释:资源类型包括描述资源内容的一般范畴、功能、流派或聚类层次的术语。建议采用来自于受控词表中的值(例如 DCMI 类型词表)。

术语类型:元素

编码体系修饰词:DCMIType

DCMIType

标识符:http://www.nlc.gov.cn/core/terms/DCMIType

名称:DCMIType

出处:Dublin Core Terms:http://purl.org/dc/terms/

标签:DCMI 类型词表

定义:用来对资源内容的属性和种类进行分类的类型列表。

注释:DCMI 推荐,可参见:http://dublincore.org/documents/dcmi-type-vocabulary/。

术语类型:编码体系修饰词

编码体系应用于:类型

示例: 类型:collection

编码体系修饰词:DCMIType

7.9 格式

标识符:http://www.nlc.gov.cn/core/elements/format

名称:format

出处:Dublin Core Terms:http://purl.org/dc/terms/

标签:格式

定义:资源的文件格式、物理媒体或尺寸规格。

注释:一般而言,格式可能包括资源的媒体类型或资源的大小,格式元素可以用来决定展示或操作资源所需的软硬件或其他相应设备,其中资源的大小又包括资源所占的存储空间或资源的持续时间(如播放时间)。建议采用来自于受控词表中的值,比如 Internet 媒体类型[MIME]定义的计算机媒体格式。

术语类型:元素

元素修饰词:范围;媒体

编码体系修饰词:IMT

7.9.1 范围

标识符:http://www.nlc.gov.cn/core/terms/extent

名称:extent

出处:Dublin Core Terms:http://purl.org/dc/terms/

标签:范围

定义:资源的大小或持续时间。

术语类型:元素修饰词

限定:格式

示例:范围:218M

7.9.2 媒体

标识符:http://www.nlc.gov.cn/core/terms/medium

名称:medium

出处:Dublin Core Terms:http://purl.org/dc/terms/

标签:媒体

定义:资源的物质载体或组成材料。

术语类型:元素修饰词

限定:格式

编码体系修饰词:IMT

示例:媒体:multipart/mixed

编码体系修饰词:IMT(因特网媒体类型)[MIME]

7.9.3 IMT

标识符:http://www.nlc.gov.cn/core/terms/IMT

名称:IMT

出处:Dublin Core Terms:http://purl.org/dc/terms/

标签:IMT

定义:资源的因特网媒体类型。

注释:它定义了各种计算机媒体格式。可参见:http://www.iana.org/assignments/media-types/index.html。

术语类型:编码体系修饰词

编码体系应用于:格式;媒体

7.10 标识符

标识符:http://www.nlc.gov.cn/core/elements/identifier

名称:identifier

出处:Dublin Core Terms:http://purl.org/dc/terms/

标签:标识符

定义:在特定范围内给予资源的一个明确的标识。

注释:建议对资源的标识采用符合某一正式标识体系要求的字符串或数字。例如统一资源标识符(URI),统一资源定位符(URL),数字对象标识符(DOI)和国际标准书号(ISBN)都是正式的标识体系。

术语类型:元素

编码体系修饰词:URI;SICI;ISBN;ISSN;DOI

示例:标识符:http://www.nlc.gov.cn/

编码体系修饰词:URI(统一资源标识符)

7.10.1 URI

标识符:http://www.nlc.gov.cn/core/terms/URI

名称:URI

出处:http://www.ietf.org/rfc/rfc3986.txt

标签:URI

定义:统一资源标识符。

注释:可参见 http://www.ietf.org/rfc/rfc2396.txt。

术语类型:编码体系修饰词

编码体系应用于:标识符

7.10.2　SICI

标识符:http://www.nlc.gov.cn/core/terms/SICI

名称:SICI

出处:http://sunsite.berkeley.edu/SICI/

标签:SICI

定义:是 Serial Item and Contribution Identifier(连续出版物卷期及篇章识别号)的缩写,用来与 ISSN 配合,以辨识特定期刊的某一期或某一篇。

注释:更多信息参见:http://sunsite.berkeley.edu/SICI/。

术语类型:编码体系修饰词

编码体系应用于:标识符

7.10.3　ISBN

标识符:http://www.nlc.gov.cn/core/terms/ISBN

名称:ISBN

出处:http://www.isbn.org/standards/home/isbn/international/index.asp

标签:ISBN

定义:英文 International Standard Book Number 的缩写,ISBN 是国际标准书号的简称,它是国际标准化组织于 1962 年公布的一项国际通用的出版物统一编号方法。

术语类型:编码体系修饰词

编码体系应用于:标识符

7.10.4　ISSN

标识符:http://www.nlc.gov.cn/core/terms/ISSN

名称:ISSN

出处:http://www.issn.org/

标签:ISSN

定义:International Standard Serial Number 的缩写,即国际标准期刊号,是国际间赋予期刊的一套统一编号。

术语类型:编码体系修饰词

编码体系应用于:标识符

7.10.5　DOI

标识符:http://www.nlc.gov.cn/core/terms/DOI

名称:DOI

出处:http://www.doi.org/doi_handbook/TOC.html

标签:DOI

定义:Digital Object Identifier 的缩写,由 International DOI Foundation 组织构造。是按一定规则为数字环境中的数字对象分配的、唯一的、永久性的标识,方便该对象被管理和使用。

术语类型:编码体系修饰词

编码体系应用于:标识符

7.11 来源

标识符:http://www.nlc.gov.cn/core/elements/source

名称:source

出处:Dublin Core Terms:http://purl.org/dc/terms/

标签:来源

定义:对所描述的资源来源的参照或指引。

注释:当前资源可能部分或全部源自于来源元素所标识的资源。建议对这一资源的标识采用一个符合正式标识体系的字符串或数字组合。当缺乏一个总的标识符时,可提供一个地方性质的、自构或衍生的ID。

术语类型:元素

编码体系修饰词:URI;SICI; ISBN;ISSN;DOI

示例:来源:http://www.xinhuanet.com/

　　编码体系修饰词:URI(统一资源标识符)

7.11.1 URI

标识符:http://www.nlc.gov.cn/core/terms/URI

名称:URI

出处:http://www.ietf.org/rfc/rfc3986.txt

标签:URI

定义:统一资源标识符。

注释:可参见 http://www.ietf.org/rfc/rfc2396.txt。

术语类型:编码体系修饰词

编码体系应用于:来源

7.11.2 SICI

标识符:http://www.nlc.gov.cn/core/terms/SICI

名称:SICI

出处:http://sunsite.berkeley.edu/SICI/

标签:SICI

定义:是 Serial Item and Contribution Identifier(连续出版物卷期及篇章识别号)的缩写,用来与 ISSN 配合,以辨识特定期刊的某一期或某一篇。

注释:更多信息参见:http://sunsite.berkeley.edu/SICI/。

术语类型:编码体系修饰词

编码体系应用于:来源

7.11.3　ISBN

标识符:http://www.nlc.gov.cn/core/terms/ISBN

名称:ISBN

出处:http://www.isbn.org/standards/home/isbn/international/index.asp

标签:ISBN

定义:英文 International Standard Book Number 的缩写,ISBN 是国际标准书号的简称,它是国际标准化组织于 1962 年公布的一项国际通用的出版物统一编号方法。

术语类型:编码体系修饰词

编码体系应用于:来源

7.11.4　ISSN

标识符:http://www.nlc.gov.cn/core/terms/ISSN

名称:ISSN

出处:http://www.issn.org/

标签:ISSN

定义:International Standard Serial Number 的缩写,即国际标准期刊号,是国际间赋予期刊的一套统一编号。

术语类型:编码体系修饰词

编码体系应用于:来源

7.11.5　DOI

标识符:http://www.nlc.gov.cn/core/terms/DOI

名称:DOI

出处:http://www.doi.org/doi_handbook/TOC.html

标签:DOI

定义:Digital Object Identifier 的缩写,由 International DOI Foundation 组织构造。是按一定规则为数字环境中的数字对象分配的、唯一的、永久性的标识,方便该对象被管理和使用。

术语类型:编码体系修饰词

编码体系应用于:来源

7.12　语种

标识符:http://www.nlc.gov.cn/core/elements/language

名称:language

出处:Dublin Core Terms:http://purl.org/dc/terms/

标签:语种

定义:描述资源知识内容所使用的语种。

注释:建议本元素的值采用 DCMI 推荐的编码体系 ISO 639—2,也可采用 RFC 4646

[RFC4646]。

术语类型:元素

编码体系修饰词:ISO639—2;RFC4646

7.12.1 ISO639—2

标识符:http://www.nlc.gov.cn/core/terms/ISO639-2

名称:ISO639—2

出处:http://lcweb.loc.gov/standards/iso639-2/langhome.html

标签:ISO 639—2

定义:ISO 639—2:语言名称的表示代码。

注释:可参见 http://lcweb.loc.gov/standards/iso639-2/langhome.html。

术语类型:编码体系修饰词

编码体系应用于:语种

示例:语种:eng

编码体系修饰词:ISO639—2

7.12.2 RFC4646

标识符:http://www.nlc.gov.cn/core/terms/RFC4646

名称:RFC4646

出处:http://purl.org/dc/terms/RFC4646

标签:RFC 4646

定义:遵循 RFC 4646 构建的一组用来标识语言的标签。

注释:RFC 4646 用来代替 RFC 3066。

术语类型:编码体系修饰词

编码体系应用于:语种

示例:语种:zh-Hans

编码体系修饰词:RFC4646

7.13 关联

标识符:http://www.nlc.gov.cn/core/elements/relation

名称:relation

出处:Dublin Core Terms:http://purl.org/dc/terms/

标签:关联

定义:对相关资源的指引。

注释:建议最好使用符合规范标识体系的字符串或数字标识所要指引的资源。

术语类型:元素

元素修饰词:包含于;包含;版本继承;后续版本;格式转换于;格式转换为;被参照;参照;

被需求;需求;被替代;替代;遵循

编码体系修饰词:URI;SICI;ISBN;ISSN;DOI

7.13.1　包含于

标识符:http://www.nlc.gov.cn/core/terms/isPartOf

名称:is part of

出处:Dublin Core Terms:http://purl.org/dc/terms/

标签:包含于

定义:所描述的资源是被指引资源物理或逻辑上的一个组成部分。

术语类型:元素修饰词

限定:关联

编码体系修饰词:URI;SICI;ISBN;ISSN;DOI

示例:(标识符:http://www.nlc.gov.cn/service/ts.htm)

包含于:http://www.nlc.gov.cn/

编码体系修饰词:URI(统一资源标识符)

(资源 http://www.nlc.gov.cn/service/ts.htm 为资源 http://www.nlc.gov.cn/的部分内容。)

7.13.2　包含

标识符:http://www.nlc.gov.cn/core/terms/hasPart

名称:has part

出处:Dublin Core Terms:http://purl.org/dc/terms/

标签:包含

定义:所描述的资源在物理或逻辑上包含被指引的资源。

术语类型:元素修饰词

限定:关联

编码体系修饰词:URI;SICI;ISBN;ISSN;DOI

示例:(标识符:http://www.nlc.gov.cn/)

包含:http://www.nlc.gov.cn/syzt/2011/0420/article_647.htm

编码体系修饰词:URI(统一资源标识符)

(资源 http://www.nlc.gov.cn/syzt/2011/0420/article_647.htm 为资源 http://www.nlc.gov.cn/的部分内容。)

7.13.3　版本继承

标识符:http://www.nlc.gov.cn/core/terms/isVersionOf

名称:is version of

出处:Dublin Core Terms:http://purl.org/dc/terms/

标签:版本继承

定义:所描述的资源是被指引资源的译本,修订本或改编本。版本的变化意味着是内容而不是格式有了实质的改变。

术语类型:元素修饰词

限定:关联

编码体系修饰词:URI;SICI;ISBN;ISSN;DOI

示例:(名称:中国国家图书馆·中国国家数字图书馆)

(标识符:http://www.nlc.gov.cn/)

版本继承:http://www.nlc.gov.cn/old/

编码体系修饰词:URI(统一资源标识符)

7.13.4 后续版本

标识符:http://www.nlc.gov.cn/core/terms/hasVersion

名称:has version

出处:Dublin Core Terms:http://purl.org/dc/terms/

标签:后续版本

定义:被指引的资源是所描述资源的译本、修订本或改编本等。

术语类型:元素修饰词

限定:关联

编码体系修饰词:URI;SICI;ISBN;ISSN;DOI

示例:(名称:中国国家图书馆·中国国家数字图书馆)

(标识符:http://www.nlc.gov.cn/old/)

后续版本:http://www.nlc.gov.cn/

编码体系修饰词:URI(统一资源标识符)

7.13.5 格式转换于

标识符:http://www.nlc.gov.cn/core/terms/isFormatOf

名称:is format of

出处:Dublin Core Terms:http://purl.org/dc/terms/

标签:格式转换于

定义:所描述的资源与被指引资源有相同的知识内容,但用另一种形式表现出来。

术语类型:元素修饰词

限定:关联

编码体系修饰词:URI;SICI;ISBN;ISSN;DOI

示例:(标识符:http://www.nlc.gov.cn/wlzy.pdf)

格式转换于:http://www.nlc.gov.cn/wlzy.doc

编码体系修饰词:URI(统一资源标识符)

(资源 http://www.nlc.gov.cn/wlzy.pdf 由资源 http://www.nlc.gov.cn/wlzy.doc 转

换而来。)

7.13.6　格式转换为

标识符:http://www.nlc.gov.cn/core/terms/hasFormat

名称:has format

出处:Dublin Core Terms:http://purl.org/dc/terms/

标签:格式转换为

定义:所描述的资源在被指引资源之前出现,被指引的资源在实质上与所描述资源有着相同的知识内容,只是格式不同。

术语类型:元素修饰词

限定:关联

编码体系修饰词:URI;SICI;ISBN;ISSN;DOI

示例:(标识符:http://www.nlc.gov.cn/wlzy.doc)

格式转换为:http://www.nlc.gov.cn/wlzy.pdf

编码体系修饰词:URI(统一资源标识符)

(资源 http://www.nlc.gov.cn/wlzy.pdf 由资源 http://www.nlc.gov.cn/wlzy.doc 转换而来。)

7.13.7　被参照

标识符:http://www.nlc.gov.cn/core/terms/isReferencedBy

名称:is referenced by

出处:Dublin Core Terms:http://purl.org/dc/terms/

标签:被参照

定义:被指引的资源参考、引用或以另外的方式指示了所描述的资源。

术语类型:元素修饰词

限定:关联

编码体系修饰词:URI;SICI;ISBN;ISSN;DOI

示例:(题名:Electronic Resources Cataloging Policy)

被参照:http://dlib.cnki.net/KNS50/download.aspx? filename=212ays0MmRnYVt0YvNFVvckcYBXTEpEehpnb6F2QIpXSG5mUpNHaWJDbVZVOQNDZSlEe3E0ZG92ToFWdxQVbMpUctRTQKpWd3JGVktid5V3KvFjRIpVVrNnWrVnaL1mbVdXQyZFNrplbyV0d3wmZVZTTuBFNvEVQ&tablename=CJFD2012&dflag=pdfdown

编码体系修饰词:URI(统一资源标识符)

7.13.8 参照

标识符:http://www.nlc.gov.cn/core/terms/references

名称:references

出处:Dublin Core Terms:http://purl.org/dc/terms/

标签:参照

定义:所描述的资源参照、引用或以其他方式指示了被指引的资源。

术语类型:元素修饰词

限定:关联

编码体系修饰词:URI;SICI;ISBN;ISSN;DOI

示例:(题名:国家图书馆海外博士论文电子型与传统型整合编目研究)

参照:https://wiki.lib.umn.edu/TS/EresCatPolicy

编码体系修饰词:URI(统一资源标识符)

7.13.9 被需求

标识符:http://www.nlc.gov.cn/core/terms/isRequiredBy

名称:is required by

出处:Dublin Core Terms:http://purl.org/dc/terms/

标签:被需求

定义:对于被指引资源而言,所描述的资源或者在逻辑上或者在物理上是必不可少的。

术语类型:元素修饰词

限定:关联

编码体系修饰词:URI;SICI;ISBN;ISSN;DOI

示例:(名称:Apabi Reader 3.0)

被需求:Apabi 电子书库

7.13.10 需求

标识符:http://www.nlc.gov.cn/core/terms/requires

名称:requires

出处:Dublin Core Terms:http://purl.org/dc/terms/

标签:需求

定义:所描述的资源需要被指引资源支持它的功能、传送,或在内容上保持一致。

术语类型:元素修饰词

限定:关联

编码体系修饰词:URI;SICI;ISBN;ISSN;DOI

示例:(名称:Apabi 电子书库)

需求:Apabi Reader 3.0

7.13.11　被替代

标识符:http://www.nlc.gov.cn/core/terms/isReplacedBy

名称:is replaced by

出处:Dublin Core Terms:http://purl.org/dc/terms/

标签:被替代

定义:所描述的资源已被所指引的资源转移、代替或取代。

术语类型:元素修饰词

限定:关联

编码体系修饰词:URI;SICI;ISBN;ISSN;DOI

示例:(标识符:http://dublincore.org/documents/2006/12/18/dcmi-terms/)

被替代:http://dublincore.org/documents/2008/01/14/dcmi-terms/

编码体系修饰词:URI(统一资源标识符)

7.13.12　替代

标识符:http://www.nlc.gov.cn/core/terms/replaces

名称:replaces

出处:Dublin Core Terms:http://purl.org/dc/terms/

标签:替代

定义:所描述的资源取代、转移或代替了被指引的资源。

术语类型:元素修饰词

限定:关联

编码体系修饰词:URI;SICI;ISBN;ISSN;DOI

示例:(标识符:http://dublincore.org/documents/2008/01/14/dcmi-terms/)

替代:http://dublincore.org/documents/2006/12/18/dcmi-terms/

编码体系修饰词:URI(统一资源标识符)

7.13.13　遵循

标识符:http://www.nlc.gov.cn/core/terms/conformsTo

名称:conforms to

出处:Dublin Core Terms:http://purl.org/dc/terms/

标签:遵循

定义:资源遵循的一个已有标准。

术语类型:元素修饰词

限定:关联

编码体系修饰词:URI;SICI;ISBN;ISSN;DOI

示例:遵循:国家图书馆核心元数据标准

(国家图书馆网络资源元数据规范遵循国家图书馆核心元数据标准。)

7.13.14 URI

标识符:http://www.nlc.gov.cn/core/terms/URI

名称:URI

出处:http://www.ietf.org/rfc/rfc3986.txt

标签:URI

定义:统一资源标识符。

注释:可参见 http://www.ietf.org/rfc/rfc2396.txt。

术语类型:编码体系修饰词

编码体系应用于:关联;包含;包含于;版本继承;后续版本;格式转换于;格式转换为;被参照;参照;被需求;需求;被替代;替代;遵循

7.13.15 SICI

标识符:http://www.nlc.gov.cn/core/terms/SICI

名称:SICI

出处:http://sunsite.berkeley.edu/SICI/

标签:SICI

定义:是 Serial Item and Contribution Identifier(连续出版物卷期及篇章识别号)的缩写,用来与 ISSN 配合,以辨识特定期刊的某一期或某一篇。

注释:更多信息参见:http://sunsite.berkeley.edu/SICI/。

术语类型:编码体系修饰词

编码体系应用于:关联;包含;包含于;版本继承;后续版本;格式转换于;格式转换为;被参照;参照;被需求;需求;被替代;替代;遵循

7.13.16 ISBN

标识符:http://www.nlc.gov.cn/core/terms/ISBN

名称:ISBN

出处:http://www.isbn.org/standards/home/isbn/international/index.asp

标签:ISBN

定义:英文 International Standard Book Number 的缩写,ISBN 是国际标准书号的简称,它是国际标准化组织于 1962 年公布的一项国际通用的出版物统一编号方法。

术语类型:编码体系修饰词

编码体系应用于:关联;包含;包含于;版本继承;后续版本;格式转换于;格式转换为;被参照;参照;被需求;需求;被替代;替代;遵循

7.13.17 ISSN

标识符:http://www.nlc.gov.cn/core/terms/ISSN

名称:ISSN

出处:http://www.issn.org/

标签:ISSN

定义:International Standard Serial Number 的缩写,即国际标准期刊号,是国际间赋予期刊的一套统一编号。

术语类型:编码体系修饰词

编码体系应用于:关联;包含;包含于;版本继承;后续版本;格式转换于;格式转换为;被参照;参照;被需求;需求;被替代;替代;遵循

7.13.18 DOI

标识符:http://www.nlc.gov.cn/core/terms/DOI

名称:DOI

出处:http://www.doi.org/doi_handbook/TOC.html

标签:DOI

定义:Digital Object Identifier 的缩写,由 International DOI Foundation 组织构造。是按一定规则为数字环境中的数字对象分配的、唯一的、永久性的标识,方便该对象被管理和使用。

术语类型:编码体系修饰词

编码体系应用于:关联;包含;包含于;版本继承;后续版本;格式转换于;格式转换为;被参照;参照;被需求;需求;被替代;替代;遵循

7.14 时空范围

标识符:http://www.nlc.gov.cn/core/elements/coverage

名称:coverage

出处:Dublin Core Terms:http://purl.org/dc/terms/

标签:时空范围

定义:资源内容所涉及的时间和空间主题,即资源所适用的空间或资源所辖的范围。

注释:时空范围一般包括空间位置(一个地名或地理坐标)、时间区间(一个时间间隔,日期或一个日期范围)或者行政辖区的范围(比如指定的一个行政实体)。推荐时空范围最好是取自于一个受控词表(例如地理名称叙词表[TGN]),并应尽可能地使用由数字表示的坐标或日期区间来描述地名与时间段。

术语类型:元素

元素修饰词:空间;时间

7.14.1 空间

标识符:http://www.nlc.gov.cn/core/terms/spatial

名称:spatial

出处:Dublin Core Terms:http://purl.org/dc/terms/

标签:空间

定义:资源知识内容的空间特征。

术语类型:元素修饰词

限定:时空范围

编码体系修饰词:point;ISO3166;box;TGN

示例:空间:name = Perth, W. A.; east = 115.85717; north =- 31.95301

编码体系修饰词:point

7.14.2 point

标识符:http://www.nlc.gov.cn/core/terms/point

名称:point

出处:Dublin Core Terms:http://purl.org/dc/terms/

标签:DCMI Point

定义:一种表示空间的方式,利用地理坐标来识别空间中的一个点。

注释:DCMI 推荐,可参见:http://dublincore.org/documents/dcmi-point/。

术语类型:编码体系修饰词

编码体系应用于:空间

7.14.3 box

标识符:http://www.nlc.gov.cn/core/terms/box

名称:box

出处:Dublin Core Terms:http://purl.org/dc/terms/

标签:DCMI Box

定义:一种表示空间的方式,用地理范围来表示一个空间区域。

注释: DCMI 推荐,可参见:http://dublincore.org/documents/dcmi-box。

术语类型:编码体系修饰词

编码体系应用于:空间

7.14.4 ISO3166

标识符:http://www.nlc.gov.cn/core/terms/ISO3166

名称:ISO3166

出处:http://www.din.de/gremien/nas/nabd/iso3166ma/codlstp1/index.html

标签:ISO 3166

定义:用来表示国家名称的一种代码标准。

注释:可参见:http://www.din.de/gremien/nas/nabd/iso3166ma/codlstp1/index.html。

术语类型:编码体系修饰词

编码体系应用于:空间

7.14.5 TGN

标识符:http://www.nlc.gov.cn/core/terms/TGN

名称:TGN

出处:http://www.getty.edu/research/tools/vocabulary/tgn/index.html

标签:TGN

定义:Getty 地理名称叙词表。

注释:可参见:http://www.getty.edu/research/tools/vocabulary/tgn/index.html。

术语类型:编码体系修饰词

编码体系应用于:空间

7.14.6 时间

标识符:http://www.nlc.gov.cn/core/terms/temporal

名称: temporal

出处:Dublin Core Terms:http://purl.org/dc/terms/

标签:时间

定义:资源知识内容的时间特征。

术语类型:元素修饰词

限定:时空范围

编码体系修饰词:period;W3CDTF

示例:时间:name=第二次世界大战; start: 1939; end: 1945;
　　编码体系修饰词:period

7.14.7 period

标识符:http://www.nlc.gov.cn/core/terms/period

名称:period

出处:Dublin Core Terms:http://purl.org/dc/terms/

标签:DCMI Period

定义:如何对时间段进行界定的一种约定。

注释:DCMI 推荐,可参见:http://dublincore.org/documents/dcmi-period/。

术语类型:编码体系修饰词

编码体系应用于:时间

7.14.8 W3CDTF

标识符:http://www.nlc.gov.cn/core/terms/W3CDTF

名称:W3CDTF

出处:http://www.w3.org/TR/NOTE-datetime

标签:W3C-DTF

定义:W3C 日期和时间的置标规则——基于 ISO 8601 规则的一个应用。

注释:可参见 http://www.w3.org/TR/NOTE-datetime。

术语类型:编码体系修饰词

编码体系应用于:时间

7.15 权限

标识符:http://www.nlc.gov.cn/core/elements/rights

名称:rights

出处:Dublin Core Terms:http://purl.org/dc/terms/

标签:权限

定义:与网络资源有关的权利和许可的声明。

注释:一般包括知识产权(IPR)、版权或其他各种权利,如:拥有、租用、访问、裸数据加工等。如果没有权限元素的标注,不可以对与网络资源相关的上述或其他权利的情况作出任何假定。

术语类型:元素

示例:权限:持卡读者使用

8 资源类型核心元素及其修饰词定义

8.1 版本

标识符:http://www.nlc.gov.cn/webAndMultimediaCategory/terms/edition

名称:edition

出处:Metadata Object Description Schema: http://www.loc.gov/mods

标签:版本

定义:网络资源的版本信息。

术语类型:元素

示例:版本:2.3 正式版

8.2 馆藏信息

标识符:http://www.nlc.gov.cn/webAndMultimediaCategory/terms/location

名称:location

出处:Metadata Object Description Schema: http://www.loc.gov/mods

标签:馆藏信息

定义:用来标识网络资源的具体馆藏位置。

术语类型:元素

示例:馆藏信息:国家图书馆互联网信息资源保存保护中心机房;
webcrawler3/mnt/disk1/2008/LongMarch

8.3 受众

标识符:http://www.nlc.gov.cn/webAndMultimediaCategory/terms/audience

名称:audience

出处:Dublin Core Terms:http://purl.org/dc/terms/

标签:受众

定义:利用网络资源的各类实体。

注释:适用对象可由作者、出版者或第三方确定,用以指明资源适用对象的类别或教育水平。

术语类型:元素

示例:受众:一般读者及学术研究者

9 个别元素及其修饰词定义

采集地址

标识符:http://www.nlc.gov.cn/webResource/terms/originalLocation

名称:original location

出处:Metadata Object Description Schema: http://www.loc.gov/mods

标签:采集地址

定义:用来标识网络资源的原始采集地址。

术语类型:元素修饰词

编码体系修饰词:URI

示例:采集地址:http://www.beijing2008.cn/

编码体系修饰词:URI(统一资源标识符)

URI

标识符:http://www.nlc.gov.cn/core/terms/URI

名称:URI

出处:http://www.ietf.org/rfc/rfc3986.txt

标签:URI

定义:统一资源标识符。

注释:可参见:http://www.ietf.org/rfc/rfc2396.txt。

术语类型:编码体系修饰词

编码体系应用于:采集地址

第二部分　国家图书馆网络资源元数据著录规则

1 范围

本规则提供国家图书馆网络资源元数据描述和著录的指导性原则。

本著录规则作为国家数字图书馆工程标准规范建设项目的网络资源元数据著录规则，原则上适用对象为一切网络上可以访问的、具有网络标识（例如 URL、URI、DOI、PURL 等）的资源对象，主要针对国家图书馆网络资源而设计。

本著录规则明确网络资源元数据规范中每一元素的著录内容、取值范围，制订著录过程中可能遇到的特殊事项的著录原则，同时提供可供参考的典型著录范例。

本规则中的著录示例仅用于帮助理解元素的著录规则，并非完整的元数据记录。示例的著录形式并非是不能改变的规定的著录形式。

2 规范性引用文件

下列文件对于本文件的应用是必不可少的。凡是注日期的引用文件，仅注日期的版本适用于本文件。凡是不注日期的引用文件，其最新版本（包括所有的修改版）适用于本文件。

DCMI DCSV：A Syntax for Representing Simple Structured Data in a Text String
DCMI 结构化取值：在文本串中表现简单的结构化数据的句法
<http://dublincore.org/documents/2006/04/10/dcmi-dcsv/>

DCMI Type Vocabulary. DCMI Recommendation, 28 August 2006. [DCMI-TYPE]
DCMI 资源类型表（推荐稿），2006 年 8 月 28 日 [DCMI-TYPE]
<http://dublincore.org/documents/dcmi-type-vocabulary/>

Date and Time Formats, W3C Note. [W3CDTF]
日期与时间格式，W3C 注释 [W3CDTF]
<http://www.w3.org/TR/NOTE-datetime>

Getty Thesaurus of Geographic Names. [TGN]
地理名称词表 [TGN]
<http://www.getty.edu/research/conducting_research/vocabularies/tgn/index.html>

ISO 3166 Codes for the Representation of Names of Countries. [ISO3166]
ISO 3166：国家名称代码表 [ISO3166]
<http://www.iso.org/iso/country_codes>

ISO 639—2 Codes for the Representation of Names of Languages, Alpha-3 Code. [ISO639]
ISO 639—2 语种名称代码表:3 位代码 [ISO639]
<http://www.loc.gov/standards/iso639-2/langhome.html>

MIME Media Types. [MIME]
因特网媒体类型 [MIME]
<http://www.iana.org/assignments/media-types/>

Tags for Identifying Languages. [RFC4646]
语种标识表 [RFC4646]
<http://www.ietf.org/rfc/rfc4646.txt>

Uniform Resource Identifiers (URI): Generic Syntax. [RFC3986]
统一资源标识符(URI):通用句法 [RFC3986]
<http://www.ietf.org/rfc/rfc3986.txt>

3 著录总则

3.1 著录内容

本著录规则依据"第一部分 国家图书馆网络资源元数据规范",根据国家图书馆网络资源描述和揭示的特殊需求而制定,包含国家图书馆元数据规范中的核心元素 15 个、资源类型核心元素 3 个、个别元素 1 个。

3.2 著录单元

对著录对象限定为:

(1)有 URL 的网络资源,包括需要浏览器特定插件或者其他程序支持方可显示的资源,如 PDF 文档、word 文档、PPT 文档、各种多媒体文档等;

(2)在互联网上可公开访问的资源;

(3)各种学术机构的机构库资源。

对网络资源著录单位进行处理时,有以下四种情况:

(1)以网站为一个著录单位;

(2)以网站中某个频道或栏目为一个著录单位;

(3)以具体的网页为一个著录单位;

(4)以具体的文件为一个著录单位。

因此在具体应用时,需根据应用需求界定明晰著录的粒度,比如是著录到网站层级、频道层级还是网页层级。

3.3 著录信息源

著录信息源必须是资源本身,资源本身信息不足,可参考其他信息源或其他有关文献资料。应首选为著录各元素/修饰词提供较全面数据的主要信息源,如所著录资源缺少主要信息源,可从各元素项最充分的其他信息源中选取著录数据。取自主要信息源以外的信息,或著录员自拟的著录内容,建议在著录时视需要在"描述"项说明著录来源。

对于原生网络资源,务必以资源本身为著录信息源,如实著录。如为再生性的网络资源,关于资源内容的著录,建议以再生性网络资源的来源为主要信息源,再生性网络资源为辅。著录人员在著录时,需具体情况具体分析。

3.4 著录用文字与符号

著录所用的文字为按资源所用的文字客观著录。由著录人员给出的中文摘要、中文关键词,中文主题词等信息,著录文字为简体中文;或元数据应用单位认为适用的文字(如西文资源采用英文)著录。

著录用符号遵循 DCSV 规范,DCSV(Dublin Core Structured Values)是 DCMI 的推荐标准,在这一文档中,DCMI 提供了著录时如何在文本字串中对值进行标记使之带有一定结构,从而便于计算机处理的推荐方案。所使用的符号应在半角的状态下输入。

DCSV 中分号用于并列的数据值的分隔,如果有元素在著录时可能有超过一个的取值(如关键词的著录),值与值之间用分号隔开。其他的符号请参见详细的 DCSV 规范:http://dublincore.org/documents/2000/07/28/dcmi-dcsv/。

如果著录系统允许元素可重复,著录人员优先采用元素重复的方法著录,不推荐采用 DCSV。例如:"主题"元素下有多个取值,如果著录系统支持主题元素的多次重复,则重复主题元素,录入多个取值。如果著录系统不允许元素可重复,则多个取值用 DCSV 中推荐的分号隔开。这两种著录方法无优劣之分,为维护一致性,在本规则中给出优先采用的方法。

3.5 著录规则的内容结构

为保证著录的一致性,在本著录规则中,每个元素的定义遵循《国家图书馆专门元数据设计规范》中的规定,并与"第一部分　国家图书馆网络资源元数据规范"中的元素定义保持一致。

表 2-1　著录规则中的元素定义

项目	项目定义与内容
名称	赋予术语的唯一标记。
标签	元素在本元数据规范中的可读标签。
定义	对术语概念与内涵的说明。
注释	关于术语或其应用的其他说明,如特殊的用法等。
元素的著录内容	在定义的基础上,详细规定著录时的相关内容。
元素修饰词	若有元素修饰词,给出元素修饰词在本著录规则中的标签,其著录内容在下文具体说明。
编码体系修饰词及其用法	元素取值依据的各种受控词表和规范标记,或者其形式遵循的特定解析规则。因此,一个使用某一编码系统表达的值可能会是选择某一受控词表的标志或一串根据规范标记格式化的字符。 这里不仅要给出编码体系修饰词的名称,最重要的是,应给出编码体系修饰词的具体用法。
规范文档	说明著录元素内容时依据的各种规范。元素取值可能来自各种受控词表和规范。它可以和编码体系修饰词一致,也可以是适应具体需要而作出的相关规则。
必备性	说明元素是否必须著录。取值有:必备(M),有则必备 (MA)及可选 (O)。
可重复性	说明元素是否可以重复著录。取值有:可重复,不可重复。
著录范例	著录元素时的典型实例。实例应包括元素与元素修饰词的著录说明。

表 2-2　著录规则中的元素修饰词定义

项目	项目定义与内容
名称	赋予术语的唯一标记。
标签	元素修饰词在本元数据规范中的可读标签。
定义	对术语概念与内涵的说明。
注释	对元素修饰词著录时任何注意事项的说明。
元素修饰词的著录内容	在定义的基础上,详细规定著录时的相关内容。
编码体系修饰词及其用法	元素修饰词取值依据的各种受控词表和规范标记,或者其形式遵循的特定解析规则。因此,一个使用某一编码系统表达的值可能会是选择某一受控词表的标志或一串根据规范标记格式化的字符。 这里不仅要给出编码体系修饰词的名称,最重要的是,应给出编码体系修饰词的具体用法。

续表

项目	项目定义与内容
规范文档	说明著录元素修饰词内容时依据的各种规范。元素修饰词取值可能来自各种受控词表和规范。它可以和编码体系修饰词一致,也可以是适应具体需要而作出的相关规则。
必备性	说明元素修饰词是否必须著录。取值有:必备(M),有则必备(MA)及可选(O)。
可重复性	说明元素修饰词是否可以重复著录。取值有:可重复,不可重复。
著录范例	著录元素修饰词时的典型实例。

4 著录细则

4.1 名称

名称:title

标签:名称

定义:赋予资源的名称。

注释:一般指资源正式公开的名称,包括正式名称之外的其他名称和替代写法。

元素的著录内容:一般著录网络资源正式公开的名称。

(1)资源的名称通常由创建者或出版者给出,如果没有给出,著录人员通过把标题性的内容从文字中抽出来形成名称,并在"描述"元素中注明该名称为著录人员自拟。

(2)如果资源创建者或出版者所给出的名称不正确,应该提供正确的名称以使用户能够正确理解。

(3)应在"名称"元素中著录资源的主要名称,很难判断哪一个为主要名称时,允许著录多个;资源的其他各种形式需著录的非主要名称信息通过交替名称来反映。例如:缩写名称应著录于交替名称中。

(4)如果资源提供多语种名称,选择资源本身语言的名称作为名称,同时在交替名称著录所有其他名称。

(5)如果资源中没有以主要名称形式出现的名称,且有多个不同的、有检索意义的名称,应选择一个最适当的或最完整的名称,或选择一个对用户来说最能够与资源联系起来的名称著录该资源的名称,并将其他名称著录在交替名称中。

元素修饰词:交替名称

必备性:必备

可重复性:可重复

著录范例:名称:北京 2008 年残奥会

交替名称

名称:alternative

标签:交替名称

定义:任何可代替正式名称的其他名称。

注释:可以包括缩写的资源名称和翻译的资源名称等。

元素修饰词的著录内容:除正式名称以外的所有其他名称。

必备性:有则必备

可重复性:可重复

著录范例:交替名称:Beijing 2008 Paralympic Game

4.2 创建者

名称:creator

标签:创建者

定义:创建资源内容的主要责任者。

注释:创建者可以包括个人、组织或某项服务。一般而言,用创建者的名称来标识这一条目。

元素的著录内容:

(1)创建者名称为主要负责创建资源内容的个人姓名、组织名称或某项服务的名称,事实著录。

(2)如果创建者有除名称以外的其他信息,著录在相应的修饰词中,比如创建者责任方式等。

(3)如果有多个创建者,重复创建者元素(如果仍有除名称以外的其他信息,同时重复创建者元素下各类修饰词)。

元素修饰词:责任方式

必备性:有则必备

可重复性:可重复

著录范例:创建者:Anne R. Kenney

责任方式

名称:role

标签:责任方式

定义:责任者在资源形成过程中所做的工作。

注释:一般有编、撰、著等。

元素修饰词的著录内容:一般会给出责任方式列表供著录人员选择。

必备性:有则必备

可重复性:可重复

著录范例:创建者.责任方式:著

4.3 主题

名称:subject

标签:主题

定义:资源内容的主题描述。

注释:通常,主题用描述资源论题的关键词、关键词词组或分类号表示;建议最好从受控词表或规范分类法中取值。

元素的著录内容:

(1)一般采用关键词、关键词短语或分类号来描述。建议使用受控词表,可根据资源内容从以下受控词表或规范分类法中取值:美国国会图书馆标题表、医学主题词表、杜威十进分类法、美国国会图书馆分类法、国际十进分类法、中国分类主题词表、汉语主题词表、中国图书馆分类法、中国科学院图书馆图书分类法、我国教育部1997年公布的《授予博士、硕士学位和培养研究生的学科、专业目录》等;此时著录内容,需反映所著录的值的来源,比如来自特定的受控词表或分类法。

(2)同一受控词表或分类法中所取的不同值,可用半角下的分号隔开。但推荐的做法是重复"主题"元素。

(3)也可在资源的"名称"、"交替名称"及"描述"等元素的元素值中,选择揭示资源主要性质和内容,且有检索意义的词或词组;多个自由词用分号隔开;此时不指定受控词表或分类法。

(4)如果地理或时间方面的内容已使用"时空范围"元素来表示,若有需要仍可在"主题"元素中重复。如果主题词串含有地理或时间的附加内容,则把含有上述内容的整个词串同时放在"主题"和"时空范围"这两个元素中。

编码体系修饰词及其用法:LCSH;MESH;DDC;LCC;UDC;CT;CCT;CLC;LASC

规范文档:规范文档可选取下列内容:

LCSH(美国国会图书馆标题表)[LCSH]

MESH(医学主题词表)[MeSH]

DDC(杜威十进分类法)[DDC]

LCC(美国国会图书馆分类法)[LCC]

UDC(国际十进分类法)[UDC]

CT(汉语主题词表)[CT]

CCT(中国分类主题词表)[CCT]

CLC(中国图书馆分类法)[CLC]

LASC(中国科学院图书馆图书分类法)[LASC]

《授予博士、硕士学位和培养研究生的学科、专业目录》

必备性:可选

可重复性:可重复

著录范例:主题:工业技术

编码体系修饰词:CCT(中国分类主题词表)

4.4 描述

名称:description

标签:描述

定义:对资源内容的任何说明。

注释:描述可以包括但不限于摘要、目录、图示内容说明或内容的自由行文叙述。

元素的著录内容:对网络资源的描述如果有独立的 URI,著录时可只著录 URI 地址,但建议同时著录文本。

元素修饰词:目录;摘要

必备性:可选

可重复性:可重复

著录范例:描述.摘要:中金在线发布的关于雪灾的专题内容,主要包括雪灾天气、各地春运、雪灾故事、电煤告急、各地用电情况、漫漫回家路以及相关文章等内容。

4.4.1 目录

名称:table of contents

标签:目录

定义:资源内容的子单元列表。

元素修饰词的著录内容:目录如果有独立的 URI,著录时可只著录 URI 地址,但建议同时著录文本。

必备性:可选

可重复性:可重复

著录范例:目录:最新报道;纪念活动;长征战役;长征会议;长征记忆;纪念活动图片;人物图片;长征旧址图片

4.4.2 摘要

名称:abstract

标签:摘要

定义:资源内容的总结。

元素修饰词的著录内容:摘要如果有独立的 URI,著录时可只著录 URI 地址,但建议同时著录文本。

必备性:可选

可重复性:可重复

著录范例:摘要:数字图书馆研究杂志(The Magazine of Digital Library Research),创刊自1995年7月,由美国研究倡议公司(CNRI)主办。月刊。

4.5 出版者

名称:publisher

标签:出版者

定义:使资源成为可以获得并可用的责任者。

注释:出版者可以包括个体、组织或服务。一般而言,应该用出版者的名称来标识这一条目。

元素的著录内容:

(1)若在资源中明确说明创建者、出版者是不同的个人或机构,出版者著录在此;

(2)创建者和出版者如果是相同的,此元素著录值同创建者,仍需事实著录,不能省略。

必备性:有则必备

可重复性:可重复

著录范例:出版者: 国家图书馆出版社

4.6 其他责任者

名称:contributor

标签:其他责任者

定义:对资源的内容作出贡献的其他实体。

注释:其他责任者可包括个人、组织或某项服务。一般而言,用其他责任者的名字来标识这一条目。建议为责任者名称建立规范档。

元素的著录内容:主要著录其他责任者的名称。

(1)其他责任者名称可以是为资源内容作出其他贡献的个人姓名或机构名。比如某一个人或机构为所著录资源提供技术支持,则提供技术支持的个人或机构可著录于“其他责任者”元素中。

(2)如果有多个其他责任者,重复其他责任者元素(同时重复其他责任者元素下各类修饰词)。

元素修饰词:责任方式

必备性:可选

可重复性:可重复

著录范例:其他责任者:张国亮

责任方式

名称:role

标签:责任方式

定义:其他责任者在资源形成过程中所做的工作。

注释:一般有编、撰、著等。

元素修饰词的著录内容:一般会给出责任方式列表供著录人员选择。

必备性:可选

可重复性:可重复

著录范例:其他责任者.责任方式:绘图

4.7 日期

名称:date

标签:日期

定义:与资源生命周期中的一个事件相关的时刻或一段时间。

注释:建议日期元素的著录内容具体落实在每一个修饰词上,包括创建日期、发布日期、修改日期、采集日期,详见修饰词的著录内容。即不推荐不使用修饰词而著录日期元素。

元素的著录内容:

(1)采用的日期格式应符合[W3CDTF]规范——基于 ISO 8601 规则的一个应用,并使用 YYYY-MM-DD 的格式著录,若年月日中有某一部分不详,也无法考证,可用?代替,考证出来的日期则用[]括起来;

(2)如果月份与日期无法获得,则只著录年份,如 1998;

(3)如果年份只获得一个大致的时间,则著录为:19??-07-01;

(4)如果年份完全不详,则著录为:-07-01;

(5)如果只有年份和日期,月份不详,则著录为:1998-??-01;

(6)如果日期不详,则只著录年份和月份,日期不著录,如 1998-07;

(7)若年月日中某部分是考证出来的,如日期是考证出来的,则著录为:1998-07-[01],并将考证的来源在“描述”元素中加以说明。

元素修饰词:创建日期;发布日期;修改日期;采集日期

编码体系修饰词及其用法:W3CDTF

必备性:有则必备

可重复性:可重复

著录范例:日期.创建日期:2003-07-05

编码体系修饰词:W3CDTF(基于 ISO 8601 的 W3C 的日期和时间的代码规则)

4.7.1 创建日期

名称:created

标签:创建日期

定义:资源创建的日期。

元素修饰词的著录内容:

(1)采用的日期格式应符合[W3CDTF]规范——基于ISO 8601规则的一个应用,并使用YYYY-MM-DD的格式著录,若年份和月份中有某一部分不详,也无法考证,可用?代替。考证出来的日期则用[]括起来;

(2)如果月份与日期无法获得,则只著录年份,如1998;

(3)如果年份只获得一个大致的时间,则著录为:19??-07-01;

(4)如果年份完全不详,则著录为:-07-01;

(5)如果只有年份和日期,月份不详,则著录为:1998-??-01;

(6)如果日期不详,则只著录年份和月份,日期不著录,如1998-07;

(7)若年月日中某部分是考证出来的,如日期是考证出来的,则著录为:1998-07-[01],并将考证的来源在"描述"元素中加以说明。

编码体系修饰词及其用法:W3CDTF

必备性:可选

可重复性:可重复

著录范例:创建日期:2003-07-05

编码体系修饰词:W3CDTF(基于ISO 8601的W3C的日期和时间的代码规则)

4.7.2 发布日期

名称:issued

标签:发布日期

定义:资源正式发布(例如出版)的日期。

元素修饰词的著录内容:如果发布日期不同于创建日期,则著录于此。例如一张由政府于1980年拍摄的陨石碎片,正式发布日期为1998年,则1998著录于此。著录细则如下:

(1)采用的日期格式应符合[W3CDTF]规范——基于ISO 8601规则的一个应用,并使用YYYY-MM-DD的格式著录,若年份和月份中有某一部分不详,也无法考证,可用?代替。考证出来的日期则用[]括起来;

(2)如果月份与日期无法获得,则只著录年份,如1998;

(3)如果年份只获得一个大致的时间,则著录为:19??-07-01;

(4)如果年份完全不详,则著录为:-07-01;

(5)如果只有年份和日期,月份不详,则著录为:1998-??-01;

(6)如果日期不详,则只著录年份和月份,日期不著录,如1998-07;

(7)若年月日中某部分是考证出来的,如日期是考证出来的,则著录为:1998-07-[01],并将考证的来源在“描述”元素中加以说明。

编码体系修饰词及其用法:W3CDTF

必备性:可选

可重复性:可重复

著录范例:发布日期:2006-07-05

编码体系修饰词:W3CDTF(基于 ISO 8601 的 W3C 的日期和时间的代码规则)

4.7.3 修改日期

名称:modified

标签:修改日期

定义:资源被修改的日期。

元素修饰词的著录内容:

(1)采用的日期格式应符合[W3CDTF]规范——基于 ISO 8601 规则的一个应用,并使用 YYYY-MM-DD 的格式著录,若年份和月份中有某一部分不详,也无法考证,可用?代替。考证出来的日期则用[]括起来;

(2)如果月份与日期无法获得,则只著录年份,如 1998;

(3)如果年份只获得一个大致的时间,则著录为:19??-07-01;

(4)如果年份完全不详,则著录为:-07-01;

(5)如果只有年份和日期,月份不详,则著录为:1998-??-01;

(6)如果日期不详,则只著录年份和月份,日期不著录,如 1998-07;

(7)若年月日中某部分是考证出来的,如日期是考证出来的,则著录为:1998-07-[01],并将考证的来源在“描述”元素中加以说明。

编码体系修饰词及其用法:W3CDTF

必备性:可选

可重复性:可重复

著录范例:修改日期:2008-07-05

编码体系修饰词:W3CDTF(基于 ISO 8601 的 W3C 的日期和时间的代码规则)

4.7.4 采集日期

名称:date captured

标签:采集日期

定义:资源被采集的日期。

元素修饰词的著录内容:

(1)采用的日期格式应符合[W3CDTF]规范——基于 ISO 8601 规则的一个应用,并使用 YYYY-MM-DD 的格式著录,若年份和月份中有某一部分不详,也无法考证,可用?代替。考证出来的日期则用[]括起来;

(2)如果月份与日期无法获得,则只著录年份,如 1998;

(3)如果年份只获得一个大致的时间,则著录为:19?? -07-01;

(4)如果年份完全不详,则著录为:-07-01;

(5)如果只有年份和日期,月份不详,则著录为:1998-?? -01;

(6)如果日期不详,则只著录年份和月份,日期不著录,如1998-07;

(7)若年月日中某部分是考证出来的,如日期是考证出来的,则著录为:1998-07-[01],并将考证的来源在"描述"元素中加以说明。

编码体系修饰词及其用法:W3CDTF

必备性:可选

可重复性:可重复

著录范例:采集日期:2009-07-05

编码体系修饰词:W3CDTF(基于ISO 8601的W3C的日期和时间的代码规则)

4.8 类型

名称:type

标签:类型

定义:有关资源内容的特征和类型。

注释:资源类型包括描述资源内容的一般范畴、功能、流派或聚类层次的术语。建议采用来自于受控词表中的值(例如DCMI类型词表)。

元素的著录内容:本元数据规范中,将类型的缺省值著录为"网络资源"。建议从一个规范的受控词表中取值,如DCMI类型词表;也可以自定义受控词表。DCMI类型词表见附录B。

编码体系修饰词及其用法:DCMIType

规范文档:DCMI类型词表

必备性:必备

可重复性:可重复

著录范例:资源类型:collection

编码体系修饰词:DCMIType

4.9 格式

名称:format

标签:格式

定义:资源的文件格式、物理媒体或尺寸规格。

元素的著录内容:一般而言,格式可能包括资源的媒体类型或资源的大小,格式元素可以用来决定展示或操作资源所需的软硬件或其他相应设备,其中资源的大小又包括资源所占的存储空间或资源的持续时间。

元素修饰词:范围;媒体

编码体系修饰词及其用法:IMT

规范文档:IMT(因特网媒体类型)[MIME]

必备性:可选

可重复性:可重复

著录范例:格式.范围:3MB

格式.媒体:application/pdf

编码体系修饰词:IMT [MIME]

4.9.1 范围

名称:extent

标签:大小

定义:资源的大小或持续时间。

元素修饰词的著录内容:资源的大小或持续时间。如视频文件的播放时间,一本书的页数等。

必备性:可选

可重复性:可重复

著录范例:范围:3MB

4.9.2 媒体

名称:medium

标签:媒体

定义:资源的物质载体或组成材料。

元素修饰词的著录内容:建议从 IMT(资源的因特网媒体类型)中取值。用类型/子类型这样的形式来著录一个有效的 MIME 类型,分隔号后用小写字母。MIME 类型见附录 A。

编码体系修饰词及其用法:IMT

规范文档:IMT(因特网媒体类型)[MIME]

必备性:可选

可重复性:可重复

著录范例:媒体:application/pdf

编码体系修饰词:IMT(因特网媒体类型)[MIME]

4.10 标识符

名称:identifier

标签:标识符

定义:在特定范围内给予资源的一个明确的标识。

注释:建议对资源的标识采用符合某一正式标识体系要求的字符串或数字。

元素的著录内容:本元素著录两个方面的内容:

(1) 通过互联网可获得本资源的地址,统一称为 URI,如一个网站的 URL 地址; URI 必须指明;这一方面的内容实际上是所著录资源获得的途径。

(2) 著录某网络资源在本地服务器的地址。建议以一种规范的方法表达出来。如:URI。

(3) 按一定规则给出的,在一定范围内唯一标识这一资源的编号,如 SICI、ISBN、ISSN、DOI 等,但不能通过这些标识号直接在网络上获得此资源。著录时,必须通过编码体系修饰词指明这一标识的性质,比如是 DOI 号还是 ISBN 号。

编码体系修饰词及其用法:URI;SICI;ISBN;ISSN;DOI

必备性:有则必备

可重复性:可重复

著录范例:标识符:http://www.dlib.org/

编码体系修饰词:URI(统一资源标识符)

标识符:10.1045/dlib.magazine

编码体系修饰词:DOI(数字对象标识符)

标识符:1082-9873

编码体系修饰词:ISSN

4.11 来源

名称:source

标签:来源

定义:对所描述的资源来源的参照或指引。当前资源可能部分或全部源自于来源元素所标识的资源。

注释:当前资源可能部分或全部源自于来源元素所标识的资源。建议对这一资源的标识采用一个符合正式标识体系的字符串或数字组合。当缺乏一个总的标识符时,可提供一个地方性质的、自构或衍生的 ID。

元素的著录内容:

(1)建议对这一资源的标识采用一个符合正式标识体系的字符串或数字组合。例如:一本小说的 PDF 版本可能有来源元素,以该图书的 ISBN 号标识此书,表明 PDF 版本来源于该书。

(2)著录时,必须用编码体系修饰词标明来源元素著录时采用了哪种标识体系,目前著录系统提供的标识符体系有:URI、SICI、ISBN、ISSN、DOI 等。

(3)当缺乏一个总的标识符时,可提供一个地方性质的、自构或衍生的 ID。

(4)如果无上述两种标识,则可以用自由文本字符串描写资源来源。

(5)一般而言,来源元素只用于被描述资源是由非数字化形式转为数字化形式;其他情况下用关联元素。

编码体系修饰词及其用法:URI;SICI;ISBN;ISSN;DOI

必备性:可选

可重复性:可重复

著录范例:来源:7-80676-575-1

编码体系修饰词:ISBN

4.12 语种

名称:language

标签:语种

定义:描述网络资源知识内容所使用的语种。

注释:著录网络资源内容所用的语言。宜采用规范的语种代码进行标识,例如:ISO 639—2、RFC 4646。ISO 639—2[ISO639—2]是3字母语种识别代码,是DCMI推荐使用的编码体系;RFC 4646的规定虽更科学但比较复杂,在中文资源著录中不建议采用。

元素的著录内容:

(1)可重复该元素反映资源内容的不同语种。

(2)可选用其他相关的语种代码表或文字表。

编码体系修饰词及其用法:ISO639—2;RFC4646

规范文档:ISO 639—2(国际标准化组织的语种识别代码)[ISO639—2];RFC 4646

必备性:可选

可重复性:可重复

著录范例:语种:chi

编码体系修饰词:ISO639—2(国际标准化组织的语种识别代码)

4.13 关联

名称:relation

标签:关联

定义:对相关资源的参照。

注释:建议最好使用符合规范标识体系的字符串或数字标识所要指引的资源。

元素的著录内容:

(1)此元素用于反映与其他相关资源的参照,它们与正在著录的资源,即所描述的资源,有着一定的相关性。

(2)著录相关资源时,建议使用符合正式标识系统的字符串或者数字。

(3)建议最好使用符合规范标识体系的字符串或数字来指引相关资源,包括URI、SICI、ISBN、ISSN、DOI等。

元素修饰词:包含;包含于;版本继承;后续版本;格式转换于;格式转换为;被参照;参照;被需求;需求;被替代;替代;遵循

编码体系修饰词及其用法:URI;SICI;ISBN;ISSN;DOI

必备性:可选

可重复性:可重复

著录范例:(标识符:http://www.nlc.gov.cn/newhxjy/)

关联.包含于:http://www.nlc.gov.cn/

编码体系修饰词:URI(统一资源标识符)

(资源 http://www.nlc.gov.cn/newhxjy/为资源 http://www.nlc.gov.cn/的部分内容。)

4.13.1 包含于

名称:is part of

标签:包含于

定义:所描述的资源是被指引资源物理或逻辑上的一个组成部分。

元素修饰词的著录内容:建议最好使用符合规范标识体系的字符串或数字来指引相关资源,包括 URI、SICI、ISBN、ISSN、DOI 等。若无这些标识符,也可用文字说明。

编码体系修饰词及其用法:URI;SICI;ISBN;ISSN;DOI

必备性:可选

可重复性:可重复

著录范例:(标识符:http://www.nlc.gov.cn/service/ts.htm)

包含于:http://www.nlc.gov.cn/

编码体系修饰词:URI(统一资源标识符)

(资源 http://www.nlc.gov.cn/service/ts.htm 为资源 http://www.nlc.gov.cn/的部分内容。)

4.13.2 包含

名称:has part

标签:包含于

定义:所描述的资源在物理或逻辑上包含了被参照资源。

元素修饰词的著录内容:建议最好使用符合规范标识体系的字符串或数字来指引相关资源,包括 URI、SICI、ISBN、ISSN、DOI 等。若无这些标识符,也可用文字说明。

编码体系修饰词及其用法:URI;SICI;ISBN;ISSN;DOI

必备性:可选

可重复性:可重复

著录范例:(标识符:http://www.nlc.gov.cn/)

包含:http://www.nlc.gov.cn/syzt/2011/0420/article_647.htm

编码体系修饰词:URI(统一资源标识符)

(资源 http://www.nlc.gov.cn/syzt/2011/0420/article_647.htm 为资源 http://www.nlc.gov.cn 的部分内容。)

4.13.3 版本继承

名称:is version of

标签:版本继承

定义:所描述的资源是被参照资源的译本、修订本或改编本。

注释:版本的变化意味着是内容而不是格式有了实质的改变。在时序上,被参照资源一般先于所描述的资源出现。

元素修饰词的著录内容:建议最好使用符合规范标识体系的字符串或数字来指引相关资源,包括 URI、SICI、ISBN、ISSN、DOI 等。若无这些标识符,也可用文字说明。

编码体系修饰词及其用法:URI;SICI;ISBN;ISSN;DOI

必备性:可选

可重复性:可重复

著录范例:(名称:中国国家图书馆·中国国家数字图书馆)

(标识符: http://www.nlc.gov.cn/)

版本继承:http://www.nlc.gov.cn/old/

编码体系修饰词:URI(统一资源标识符)

4.13.4 后续版本

名称:has version

标签:后续版本

定义:被参照资源是所描述资源的译本、修改本或改编本等。

元素修饰词的著录内容:著录标识被描述资源的后续版本对象的字符串或数字。

编码体系修饰词及其用法:URI;SICI;ISBN;ISSN;DOI

必备性:可选

可重复性:可重复

著录范例:(名称:中国国家图书馆·中国国家数字图书馆)

(标识符:http://www.nlc.gov.cn/old/)

后续版本:http://www.nlc.gov.cn/

编码体系修饰词:URI(统一资源标识符)

4.13.5 格式转换于

名称:is format of

标签:格式转换于

定义:所描述的资源是被指引资源有相同的知识内容,但用另一种形式表现出来。

元素修饰词的著录内容:著录标识所描述资源的来源格式对象的字符串或数字。

编码体系修饰词及其用法:URI;SICI;ISBN;ISSN;DOI

必备性:可选

可重复性:可重复

著录范例:(标识符:http://www.nlc.gov.cn/wlzy.pdf)

格式转换于:http://www.nlc.gov.cn/wlzy.doc

编码体系修饰词:URI(统一资源标识符)

(资源 http://www.nlc.gov.cn/wlzy.pdf 由资源 http://www.nlc.gov.cn/wlzy.doc 转换而来。)

4.13.6 格式转换为

名称:has format

标签:格式转换为

定义:所描述的资源在被指引资源之前出现,被指引的资源在实质上与所描述资源有着相同的知识内容,只是格式不同。

元素修饰词的著录内容:著录标识所描述资源的转换格式对象的字符串或数字。

编码体系修饰词及其用法:URI;SICI;ISBN;ISSN;DOI

必备性:可选

可重复性:可重复

著录范例:(标识符:http://www.nlc.gov.cn/wlzy.doc)

格式转换为:http://www.nlc.gov.cn/wlzy.pdf

编码体系修饰词:URI(统一资源标识符)

(资源 http://www.nlc.gov.cn/wlzy.pdf 由资源 http://www.nlc.gov.cn/wlzy.doc 转换而来。)

4.13.7 被参照

名称:is referenced by

标签:被参照

定义:被指引的资源参考、引用或以另外的方式指示了所描述的资源。

元素修饰词的著录内容:著录标识参照被描述资源的资源对象字符串或数字。

编码体系修饰词及其用法:URI;SICI;ISBN;ISSN;DOI

必备性:可选

可重复性:可重复

著录范例:(题名:Electronic Resources Cataloging Policy)

被参照:http://dlib.cnki.net/KNS50/download.aspx? filename=212ays0MmRnYVt0YvNFVvckcYBXTEpEehpnb6F2QIpXSG5mUpNHaWJDbVZVOQNDZSlEe3E0ZG92ToFWdxQVbMpUctRTQKpWd3JGVktid5V3KvFjRIpVVrNnWrVnaL1mbVdXQyZFNrplbyV0d3wmZVZTTuBFNvEVQ&tablename=CJFD2012&dflag=pdfdown

编码体系修饰词:URI(统一资源标识符)

4.13.8 参照

名称:references

标签:参照

定义:所描述的资源参照、引用或以其他方式指示了被指引的资源。

元素修饰词的著录内容:著录标识被描述资源的参照资源对象的字符串或数字。

编码体系修饰词及其用法:URI;SICI;ISBN;ISSN;DOI

必备性:可选

可重复性:可重复

著录范例:(题名:国家图书馆海外博士论文电子型与传统型整合编目研究)

参照:https://wiki.lib.umn.edu/TS/EresCatPolicy

编码体系修饰词:URI(统一资源标识符)

4.13.9 被需求

名称:is required by

标签:被需求

定义:对于被指引资源而言,所描述的资源在逻辑上或者物理上是不可少的。

元素修饰词的著录内容:著录在逻辑上或物理上被描述资源为其不可缺少的资源对象的字符串或数字。

编码体系修饰词及其用法:URI;SICI;ISBN;ISSN;DOI

必备性:可选

可重复性:可重复

著录范例:(名称:Apabi Reader 3.0)

被需求:Apabi 电子书库

4.13.10 需求

名称:requires

标签:需求

定义:所描述的资源需要被指引资源支持它的功能、传送,或在内容上保持一致。

元素修饰词的著录内容:著录支持被描述资源的功能、传送或内容的资源对象的字符串或数字。

编码体系修饰词及其用法:URI;SICI;ISBN;ISSN;DOI

必备性:可选

可重复性:可重复

著录范例:(名称:Apabi 电子书库)

需求:Apabi Reader 3.0

4.13.11 被替代

名称:is replaced by

标签:被替代

定义:所描述的资源已被所指引的资源转移、代替或取代。

元素修饰词的著录内容:著录替代所描述资源的资源对象的字符串或数字。
编码体系修饰词及其用法:URI;SICI;ISBN;ISSN;DOI
必备性:可选
可重复性:可重复
著录范例:(标识符:http://dublincore.org/documents/2006/12/18/dcmi-terms/)
被替代:http://dublincore.org/documents/2008/01/14/dcmi-terms/
编码体系修饰词:URI(统一资源标识符)
(标识符为 http://dublincore.org/documents/2006/12/18/dcmi-terms/的资源被 http://dublincore.org/documents/2008/01/14/dcmi-terms/资源替代。)

4.13.12 替代
名称:replaces
标签:包含于
定义:所描述的资源取代、转移或代替了被指引的资源。
元素修饰词的著录内容:著录所描述资源替代的资源对象的字符串或数字。
编码体系修饰词及其用法:URI;SICI;ISBN;ISSN;DOI
必备性:可选
可重复性:可重复
著录范例:(标识符:http://dublincore.org/documents/2008/01/14/dcmi-terms/)
替代:http://dublincore.org/documents/2006/12/18/dcmi-terms/
编码体系修饰词:URI(统一资源标识符)
(标识符为 http://dublincore.org/documents/2008/01/14/dcmi-terms/的资源替代了 http://dublincore.org/documents/2006/12/18/dcmi-terms/资源。)

4.13.13 遵循
名称:conforms to
标签:遵循
定义:所描述的资源遵循的一个已有标准。
元素修饰词的著录内容:著录标识所描述资源遵循的标准对象的字符串或数字。
编码体系修饰词及其用法:URI;SICI;ISBN;ISSN;DOI
必备性:可选
可重复性:可重复
著录范例:遵循:国家图书馆核心元数据标准
(国家图书馆网络资源元数据规范遵循国家图书馆核心元数据标准。)

4.14 时空范围

名称:coverage

标签:时空范围

定义:资源内容所涉及的时间和空间主题,即资源所适用的空间或资源所辖的范围。

注释:时空范围一般包括空间位置(一个地名或地理坐标)、时间区间(一个时间间隔,日期或一个日期范围)或者行政辖区的范围(比如指定的一个行政实体)。

元素的著录内容:

(1)推荐时空范围最好是取自于一个受控词表(例如地理名称叙词表[TGN]),并应尽可能地使用由数字表示的坐标或日期区间来描述地名与时间段。

(2)推荐使用带有修饰词空间(Spatial)或时间(Temporal)的时空范围元素,不鼓励使用无修饰词的时空范围。

(3)如果地理或时间方面的内容已使用"时空范围"元素来表示,若有需要仍可在"主题及关键词"元素中重复。如果主题词串含有地理或时间的附加内容,则把含有上述内容的整个词串同时放在"主题及关键词"和"时空范围"这两个元素中。

元素修饰词:空间;时间

必备性:可选

可重复性:可重复

著录范例:时空范围.空间:澳大利亚

时空范围.时间:17 世纪 70 年代

4.14.1 空间

名称:spatial

标签:空间

定义:资源知识内容的空间特征。

元素修饰词的著录内容:建议地理空间的值取自一个受控的词表,或以一种规范的方法表达出来,比如 DCMI Point、DCMI Box、ISO 3166、TGN 等。

编码体系修饰词及其用法:point;box;ISO3166;TGN

规范文档:ISO 3166;TGN

必备性:可选

可重复性:可重复

著录范例:空间:澳大利亚

4.14.2 时间

名称:temporal

标签:时间

定义:资源知识内容的时间特征。

元素修饰词的著录内容:建议时间的值取自一个受控的词表,或以一种规范的方法表达出来,比如 DCMI Period、W3C－DTF 等。

编码体系修饰词及其用法:period;W3CDTF

必备性:可选

可重复性:可重复

著录范例:时间:17 世纪 70 年代

4.15 权限

名称:rights

标签:权限

定义:与网络资源有关的权利和许可的声明。

注释:一般包括知识产权(IPR)、版权或其他各种权利,如:拥有、租用、访问、裸数据加工等。如果没有权限元素的标注,不可以对与网络资源相关的上述或其他权利的情况作出任何假定。

元素的著录内容:著录资源的版权说明和阅览权限等。著录的内容可以是权限说明网页的 URL,也可以是描述性的文字。

必备性:有则必备

可重复性:可重复

著录范例:权限:持卡读者,馆内阅览

4.16 版本

名称:edition

标签:版本

定义:网络资源的版本信息。

元素的著录内容:著录资源的版本信息。

必备性:有则必备

可重复性:可重复

著录范例:版本:2.3 正式版

4.17 馆藏信息

名称:location

标签:馆藏信息

定义:用来标识网络资源的具体馆藏位置。

元素的著录内容:著录网络资源存放的具体物理地址,可具体到详细的存储机器和盘符号。

必备性:有则必备

可重复性:可重复

著录范例:馆藏信息:国家图书馆互联网信息资源保存保护中心机房;

webcrawler3/mnt/disk1/2008/LongMarch

4.18 受众

名称:audience

标签:受众

定义:利用资源的各类实体。

注释:适用对象可由作者、出版者或第三方确定,用以指明资源适用对象的类别或教育水平。

元素的著录内容:用以指明资源适用对象的类别或教育水平。这里主要著录适用对象的名称。

必备性:可选

可重复性:可重复

著录范例:受众:数字图书馆研究人员和开发人员

4.19 采集地址

名称:original location

标签:采集地址

定义:用来标识网络资源的原始采集地址。

元素的著录内容:著录网络资源采集的地址。

编码体系修饰词及其用法:URI

必备性:有则必备

可重复性:可重复

著录范例:采集地址:http://www. people. com. cn/

编码体系修饰词:URI(统一资源标识符)

附录 A
MIME 资源数据格式分类表

格式域名称		定义
格式域类	子类	
application	atom + xml	Atom feeds
	ecmascript	ECMAScript/JavaScript
	EDI－X12	EDI X12 data
	EDIFACT	EDI EDIFACT data
	json	JavaScript Object Notation JSON
	javascript	ECMAScript/JavaScript
	octet-stream	Arbitrary binary data
	ogg	Ogg，a multimedia bitstream container format
	pdf	Portable Document Format，PDF has been in use for document exchange on the Internet since 1993
	postscript	postscript
	rdf + xml	Resource Description Framework
	rss + xml	RSS feeds
	soap + xml	SOAP
	font－woff	Web Open Font Format
	xhtml + xml	XHTML
	xml－dtd	DTD files
	xop + xml	xop
	zip	ZIP archive files
	x－gzip	Gzip
audio	basic	mulaw audio at 8kHz，1 channel
	L24	24bit Linear PCM audio at 8－48kHz，1－N channels
	mp4	MP4 audio
	mpeg	MP3 or other MPEG audio
	ogg	Ogg Vorbis，Speex，Flac and other audio
	vorbis	Vorbis encoded audio
	x－ms－wma	Windows Media Audio
	x－ms－wax	Windows Media Audio Redirector
	vnd. rn－realaudio	RealAudio
	vnd. wave	WAV audio
	webm	WebM open media format

续表

格式域名称		定义
格式域类	子类	
image	gif	GIF image
	jpeg	JPEG JFIF image
	pjpeg	JPEG JFIF image; Associated with Internet Explorer; Listed in ms775147(v = vs. 85)-Progressive JPEG, initiated before global browser support for progressive JPEGs (Microsoft and Firefox)
	png	Portable Network Graphics
	svg + xml	SVG vector image
	tiff	Tag Image File Format (only for Baseline TIFF)
	vnd. microsoft. icon	ICO image
message	http	
	imdn + xml	IMDN Instant Message Disposition Notification
	partial	Email
	rfc822	Email; EML files, MIME files, MHT files, MHTML files
model(for 3D models)	example	
	iges	IGS files, IGES files
	mesh	MSH files, MESH files
	vrml	WRL files, VRML files
	x3d + binary	X3D ISO standard for representing 3D computer graphics, X3DB binary files
	x3d + vrml	X3D ISO standard for representing 3D computer graphics, X3DV VRML files
	x3d + xml	X3D ISO standard for representing 3D computer graphics, X3D XML files
multipart(for archives and other objects made of more than one part)	mixed	MIME Email
	alternative	MIME Email
	related	MIME Email
	form-data	MIME Webform
	signed	
	encrypted	

续表

格式域名称		定义
格式域类	子类	
text(for human-readable text and source code)	cmd	commands;subtype resident in Gecko browsers like Firefox 3.5
	css	Cascading Style Sheets
	csv	Comma-separated values
	html	HTML
	javascript (Obsolete)	JavaScript
	plain	Textual data
	vcard	vCard (contact information)
	xml	Extensible Markup Language
video	mpeg	MPEG-1 video with multiplexed audio
	mp4	MP4 video
	ogg	Ogg Theora or other video (with audio)
	quicktime	QuickTime video
	webm	WebM Matroska-based open media format
	x-matroska	Matroska open media forma
	x-ms-wmv	Windows Media Video
	x-flv	Flash video

附录 B

DCMI 类型词表[1]

题名:DCMI 类型词表[2]

创建者:DCMI 应用委员会

资源标识符:http://dublincore.org/documents/2003/11/19/dcmi-type-vocabulary/

出版日期:2003-11-19

最新版本:http://dublincore.org/documents/dcmi-type-vocabulary/

替代:http://dublincore.org/documents/2003/02/12/dcmi-type-vocabulary/

被替代:无

翻译:http://dublincore.org/resources/translations/

文档状态:DCMI 推荐标准

描述:DCMI 类型词表提供了一组通用的、跨领域的术语,由 DCMI 推荐使用,可以用来作为"资源类型"元素(Resource Type element)的值,从而可以认定一种资源属于哪种类型。这里所列的术语都包含在一般文档"DCMI 元数据术语"(http://dublincore.org/documents/dcmi-terms/)之中。

生效日期:2003-11-19

术语名称:资源集合(Collection)

URI:http://purl.org/dc/dcmitype/Collection

标签:资源集合(Collection)

定义:资源集合是个体资源对象的集合。术语"资源集合"指作为整体进行描述的资源,其组成部分可以分别描述并被链接。

术语类型:词汇术语

状态:推荐

发布日期:2000-07-11

术语名称:数据集(Dataset)

URI:http://purl.org/dc/dcmitype/Dataset

标签:数据集(Dataset)

定义:数据集是指为便于计算机直接处理而以特定结构进行编码的信息(例如:列表、表

① DCMI 类型词表的中译文来源于都柏林核心元数据中文网:http://www.dc.library.sh.cn.

② DCMI 类型词表[EB/OL].[2004-03-13].http://www.dc.library.sh.cn/DC/dcmi-type-vocabulary.htm.

格、数据库等）。

术语类型：词汇术语

状态：推荐

发布日期：2000-07-11

术语名称：事件（Event）

URI：http://purl.org/dc/dcmitype/Event

标签：事件（Event）

定义：事件是指基于时间的、非永久存在的一种出现。事件元数据提供描述性信息以揭示事件的目标、地点、时间、责任实体等并链接到其他的相关事件或资源。如果被描述的实例已经过期或者还未发生，这一事件的资源是有可能检索不到的。事件的例子有：展览会、视频网络播放、国际会议、小组会议、节庆、演出、战争、审判、婚礼、茶话会、突发事件如火灾等。

术语类型：词汇术语

状态：推荐

发布日期：2000-07-11

术语名称：图像（Image）

URI：http://purl.org/dc/dcmitype/Image

标签：图像（Image）

定义：图像是不同于文本的一种主要的符号视觉表现。例如：物理实体的图画或照片、绘画、印记、素描、其他图像和图形、动画和活动图像、电影、图表、地图、乐谱等。值得注意的是图像可以包括电子和物理两种表现形式。

术语类型：词汇术语

下位术语：http://purl.org/dc/dcmitype/StillImage

下位术语：http://purl.org/dc/dcmitype/MovingImage

状态：推荐

发布日期：2000-07-11

术语名称：交互资源（InteractiveResource）

URI：http://purl.org/dc/dcmitype/InteractiveResource

标签：交互资源（Interactive Resource）

定义：交互资源是一种需要用户的交互才能理解、运行和体验的资源。例如：web 页面上的表单、java 应用小程序、多媒体学习对象、聊天服务、虚拟现实等。

术语类型：词汇术语

状态：推荐

发布日期:2000-07-11

术语名称:服务(Service)

URI:http://purl.org/dc/dcmitype/Service

标签:服务(Service)

定义:服务是提供一种或多种有价值的功能给最终用户的系统。例如:影印服务、银行服务、认证服务、馆际互借、Z39.50或者web服务器。

术语类型:词汇术语

状态:推荐

发布日期:2000-07-11

术语名称:软件(Software)

URI:http://purl.org/dc/dcmitype/Software

标签:软件(Software)

定义:软件是一种以源代码或编译过的形式存在的计算机程序,可以通过在其他机器上安装而获得。对于只是用于创造一种交互环境的软件,可归入“交互资源”类型。

术语类型:词汇术语

状态:推荐

发布日期:2000-07-11

术语名称:声音(Sound)

URI:http://purl.org/dc/dcmitype/Sound

标签:声音(Sound)

定义:声音是主要以音频方式表现内容的资源。例如:音乐回放文件格式,音频光盘和被录制的演讲或声音。

术语类型:词汇术语

状态:推荐

发布日期:2000-07-11

术语名称:文本(Text)

URI:http://purl.org/dc/dcmitype/Text

标签:文本(Text)

定义:主要以文字方式表现内容的资源。例如:图书、信件、论文、诗歌、报纸、文章、邮件列表的文档等。需要注意的是文本的摹本或图像也是属于文本类型。

术语类型:词汇术语

状态:推荐

发布日期:2000-07-11

术语名称:物理对象(PhysicalObject)

URI:http://purl.org/dc/dcmitype/PhysicalObject

标签:物理对象(Physical Object)

定义:物理对象是指一种没有生命的、三维的对象或物质。例如:计算机、金字塔、雕塑。需要注意的是这些对象的数字表现或摹本应该用图像、文本或其他类型中的某一种来标识。

术语类型:词汇术语

状态:推荐

发布日期:2002-07-13

术语名称:静态图像(StillImage)

URI:http://purl.org/dc/dcmitype/StillImage

标签:静态图像(Still Image)

定义:静态的视觉表达。静态图像包括绘画、素描、设计的图案、图样及地图等。

注释:对于图像化的文本资料,建议把类型指定为"文本"。静态图像类型的实例必须也是其上位词"图像"的实例。

术语类型:词汇术语

上位术语:http://purl.org/dc/dcmitype/Image

状态:推荐

发布日期:2003-11-18

术语名称:动态图像(MovingImage)

URI:http://purl.org/dc/dcmitype/MovingImage

标签:动态图像(Moving Image)

定义:一系列的视觉表达连续呈现,给人一种移动的感觉。动态图像的实例包括动画、电影、电视节目、录像、活动幻境及模拟过程的视觉输出。

注释:动态图像类型的实例必须也是其上位词"图像"的实例。

术语类型:词汇术语

上位术语:http://purl.org/dc/dcmitype/Image

状态:推荐

发布日期:2003-11-18

参考文献

[1]David Beckett. IAFA Templates in Use as Internet Metadata[EB/OL].[2009-12-10]. http://www. w3. org/Conferences/WWW4/Papers/52/.

[2]Dublin Core Metadata Initiative[EB/OL].[2009-12-20]. http://dublincore. org/.

[3]DCMI Abstract Model[EB/OL].[2009-12-20]. http://dublincore. org/documents/abstract-model/index.shtml.

[4]Evaluating Internet Resources for SOSIG[EB/OL].[2004-03-11]. http://www. sosig. ac. uk/desire/ecrit.html.

[5]Functional Requirement For Bibliographic Records(Final Report)[EB/OL].[2009-12-20]. http://www. ifla.org/files/assets/cataloguing/frbr/frbr_2008. pdf.

[6]DCMI 类型词表[EB/OL].[2009-12-10]. http://dc. library. sh. cn/dcmi-type-vocabulary. htm.

[7]都柏林核心元数据[EB/OL].[2009-12-10]. http://www. dc. library. sh. cn.

[8]国家图书馆. 中文元数据方案[EB/OL].[2009-12-10]. http://www. docin. com/p-27330847. html.

[9]何嘉荪,金更达. 电子文件管理元数据规范[J]. 浙江档案,2005(4):12-14.

[10]肖珑,申晓娟. 国家图书馆元数据应用总则规范汇编[M]. 北京:国家图书馆出版社,2011.

[11]王立新. 网络资源的开发和管理办法[J]. 情报方法,2002(3):40-41.

[12]王娜. 网络信息资源挖掘障碍及策略分析[D]. 长春:东北师范大学,2006.

[13]张慧珠,陈素美,吴国祯. 数位环境中机读编目格式的新面貌——MODS 的产生与发展[EB/OL].[2009-12-10]. http://www. docin. com/p-16676540. html.

[14]张笑英. 浅析中文网络资源的开发现状及策略[J]. 中共石家庄市委党校学报,2003(9):27-28.

[15]重点学科网络资源导航库元数据规范[EB/OL].[2009-12-10]. http://lib. hhu. edu. cn/xkdh/Rfiles/metadata_specf. pdf.

后　记

“国家数字图书馆工程专门元数据标准与著录规范——网络资源”项目，是国家数字图书馆工程标准规范建设项目之一。该项目要求结合对国内外网络资源元数据标准规范研究与应用情况的调研，以及国家数字图书馆建设需要，根据《国家图书馆元数据应用规范》和《国家图书馆专门元数据设计规范》的要求，制定国家图书馆网络资源元数据规范和著录规则；要求该项目成果具有可操作性，充分考虑元数据创建者需求、元数据管理者需求、元数据使用者需求及资源对象特性之间的平衡；并且，与科技部《我国数字图书馆标准与规范建设》和 CALIS《中国高等教育数字图书馆技术标准与规范》的有关标准规范保持可转换，支持异构系统之间的互操作；要求元数据规范专指性和通用性相结合，具有较强的可扩展性。国家图书馆为此于 2007 年 10 月专门成立了“国家数字图书馆工程专门元数据标准与著录规范——网络资源”项目组，于 2008 年 7 月完成了技术需求书。2009 年 9 月，上海图书馆受国家图书馆委托，承担“国家数字图书馆工程专门元数据标准与著录规范——网络资源”项目的研制。

尽管有科技部项目中网络资源元数据规范的相关成果可以参考，但在项目研制的过程中还是遇到了很多困难。国家图书馆的网络信息资源数量巨大，形式多样，包括网站、专题、数据库、图书、期刊、论文等形式的资源。根据项目需求，项目研制单位对国内外网络资源元数据研究与开发利用的历史与现状进行了广泛深入的调研。在国家图书馆项目组的协助下，研制单位多次赴国家图书馆，通过参观、访谈等方式进行了现场调研，了解国家图书馆网络资源的建设情况、业务实况、管理和服务需求。与此同时，研制单位还多次请教了国内多位专家，对国内外的网络资源元数据方案进行了调研。2009 年 12 月，研制单位首次提交了研制成果。之后，国家图书馆项目组与项目研制单位又经过多次沟通，对成果进行了反复修改，最终形成了国家图书馆网络资源元数据规范及其相关文件。2012 年 1 月通过国家图书馆项目组验收，2012 年 3 月通过国家图书馆馆内专家验收，2012 年 5 月完成网上公开质询，2012 年 7 月通过国内业界专家验收，至此该项目全部完成。

从项目启动到通过业界专家验收，历时将近三年的时间。在此期间，得到了国家图书馆苏品红、王志庚、李晓明、李志尧、李杉等专家、同仁的大力支持；也得到来自上海交通大学图书馆郑巧英、北京大学图书馆肖珑、北京大学图书馆沈芸芸、清华大学图书馆姜爱蓉、首都图书馆邓菊英、中国科学院国家科学图书馆张建勇、北京师范大学耿骞、浙江理工大学楼向英等业界专家的指导与帮助，在此表示由衷的感谢！

编者

2013 年 1 月 20 日